AF368062

BIBLIOTHÈQUE D'HISTOIRE ET DE POLITIQUE

Directeur : Jacques Ancel

LA CHINE
EN FACE
DES PUISSANCES

PAR

ANDRÉ DUBOSCQ

PARIS

LIBRAIRIE DELAGRAVE

15, RUE SOUFFLOT, 15

La Chine

en face

des Puissances

———

Typographie Firmin-Didot et Cⁱᵉ. — Mesnil (Eure). — 1926.

BIBLIOTHÈQUE D'HISTOIRE ET DE POLITIQUE
Directeur : Jacques ANCEL

La Chine

en face

des Puissances

par

ANDRÉ DUBOSCQ

(Avec une carte)

PARIS
LIBRAIRIE DELAGRAVE
15, RUE SOUFFLOT, 15
1926

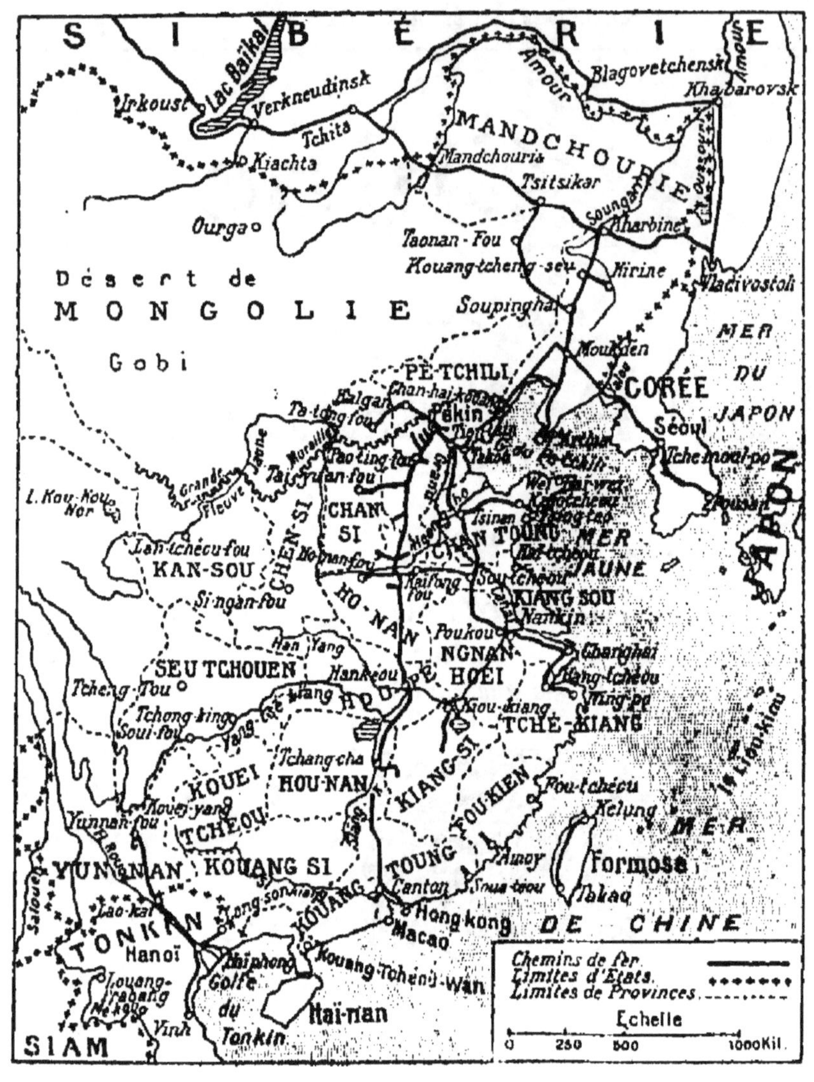

SIBÉRIE
Irkoust
Lac Baïkal
Verkneudinsk
Tchita
Kiachta
Blagovetchensk
Khabarovsk
MANDCHOURIE
Amour
Mandchouris
Tsitsikar
Ourga
Taonan-Fou
Kouang-tcheng-seu
Soungari
Harbine
Kirine
Vladivostok
Désert de
MONGOLIE
Gobi
Soupinghai
Moukden
MER
DU
JAPON
PE-TCHILI
Kalgan
Chan-hai-koan
CORÉE
Séoul
Tche-moul-po
Ta-tong-fou
Pékin
Grande
Muraille
Tien-tsin
Port-Arthur
Jaune
Pao-ting-fou
Tai-yuan-fou
CHAN-SI
CHAN
SI
Hoang-ho
Wei-hai-weï
Kiaotcheou
Tsing-tao
L. Kou-Kou
Nor
Lan-tchéou-fou
KAN-SOU
Ho-nan-fou
CHAN-TOUNG
Tsinan
MER
JAUNE
HO-NAN
Tai-tcheou
Si-ngan-fou
Kaifong
fou
Sou-tcheou
KIANG-SOU
Nankin
Han Yang
Poukou
NGNAN
HOEI
Changhaï
SEU-TCHOUEN
Hankéou
Han
Hou-pé
Kou-kiang
Hang-tcheou
Ning-po
Tcheng-Tou
Yang-tsé-Kiang
Tchong-king
Soui-fou
Yang-tsé
Tchang-cha
HOU-NAN
KIANG-SI
TCHÉ-KIANG
la Liéou-kiou
KOUEI
TCHÉOU
Kouey-yang
Fou-tchéou
Kelung
MER
Yunnan-fou
YUN-NAN
KOUANG-SI
TOUNG
Amoy
Formosa
Salouen
Lao-kaï
Hong-son-kiang
KOUANG
Canton
Soua-téou
Takao
DE CHINE
TONKIN
Hanoï
Hong-kong
Macao
Louang-
rabang
Mé-kong
Haïphong
Golfe
du
Kouang-Tchéou-Wan
Haï-nan
SIAM
Vinh
Tonkin
Chemins de fer.
Limites d'États.
Limites de Provinces.
Échelle
0   250   500   1000 Kil.

PRÉFACE

Lorsqu'il y a dix ans fut fondée la *Bibliothèque d'Histoire et de Politique*, Ernest Denis, qui en fut l'animateur, écrivait, non sans ce sourire ironique qu'il avait accoutumé de dévoiler aux ignorants, que « les neuf dixièmes des *bourgeois*, c'est-à-dire en somme de ceux qui sont appelés à précéder et à diriger l'opinion, n'ont que les idées les plus confuses sur la situation actuelle de l'Europe ». Je ne crois pas que dix ans plus tard il eût énoncé sur ses contemporains un réquisitoire aussi sévère. Mais il eût remarqué sans doute que, si les journaux font une large place à la politique étrangère, il n'est pas moins difficile de se constituer une opinion sûre. Au milieu des

informations tendancieuses et des jugements contradictoires, le « Français moyen »
(le mot « bourgeois » est passé de mode)
se retranche dans cette abstention com-
mode, qui est aussi critique déguisée. Les
chansonniers et les reporters se moquent
agréablement de la guerre civile en Chine,
comme les pamphlétaires du xviii° siècle
daubaient les querelles religieuses, les bas-
tonnades et les Bastilles. Mais, sous les
coups tragiques ou ridicules, nul ne voit le
préambule des révolutions mondiales.

Le « Français moyen », qui veut acquérir quelques notions sur les questions dont
on parle, exige d'être renseigné de manière
impartiale, claire et précise. Ce sont les
qualités mêmes de ceux qui font profession
de le renseigner et d'enseigner. Partout les
guides ou les informateurs de la politique
étrangère brisent les cadres désuets des
professions trop tranchées : des journalistes
deviennent ambassadeurs et des professeurs

journalistes. Les États et les sociétés se contentent de confier l'action à ceux qui savent agir, la plume à ceux qui savent observer et informer. Il nous a semblé que le même éclectisme convenait dans le choix des collaborateurs d'une collection telle que la nôtre. Transformée dans son aspect, visant à renseigner vite, elle cherchera dans tous les milieux ceux qui ont vécu ce dont ils parlent, et qui, pour avoir été mêlés à l'histoire, paraissent qualifiés pour la faire connaître : dominant les événements, les masses et les sites, ils dessinent plus fermement les grandes lignes, peignent les mouvements avec plus d'ampleur, aperçoivent plus clairs les horizons.

C'est dire que les petits livres, dont nous présentons aujourd'hui le premier au public, n'ont que la prétention d'esquisser les grands problèmes d'à présent. À côté de vastes ouvrages d'analyse, indispensables instruments de travail, dont *la Chine* de **M.** Georges Maspero demeure le type utile, nous avons voulu former une plus concise bibliothèque de synthèse, dans laquelle sera présentée, en une centaine de pages, l'essence historique et politique, économique parfois, de chaque passionnante énigme que l'instabilité universelle offre à la curiosité nationale. C'est ainsi que M. André Duboscq a bien voulu débrouiller en quelques courts chapitres le problème de *la Chine en face des Puissances.*

Tous ceux qui s'intéressent à l'Extrême-Orient connaissent les lumineux et vivants articles que dans *le Temps* M. André Duboscq consacre périodiquement aux avatars de la Chine belliqueuse, à la pérennité de la Chine qui laboure, usine et, toujours calme, traite avec les marchands étrangers. En journaliste éveillé, en missionnaire des Affaires étrangères, en professeur à l'Université nationale de Pékin, il a vécu dans la Chine de l'après-guerre, dans cette

Chine qui subissait encore le contre-coup
du réveil de 1911, des déceptions de 1919,
des crises intellectuelles de sa fébrile
croissance. Il a été en France, malgré les
sarcasmes de voyageurs ou de théoriciens,
persuadés de l'immutabilité de la civilisation
chinoise, le premier à signaler l'éveil du
nationalisme chinois, la naissance de la
Patrie chinoise. Son livre sur *l'Évolution de
la Chine*, pourtant raillé par des Français
de là-bas, fait figure de prophétie. Alors —
il y a cinq ans — il dévoilait le renouveau
intérieur. Aujourd'hui, développant ses récents exposés du *Monde slave,* il nous lève
un autre voile de la figure chinoise, qu'on
s'obstine trop souvent en Europe à ne vou-
loir dévisager qu'avec des lampes périmées.

C'est jouer avec le feu que mépriser les
nouvelles forces morales. Ainsi l'opinion
française dédaignait-elle l'unité allemande,
jusqu'au cruel réveil de 1870. La France
est voisine de la Chine : l'effervescence indo-

chinoise s'allume au foyer chinois ; en France nombre de « Jeunes Chinois » viennent puiser l'instruction occidentale, qui leur donnera des instruments d'émancipation ou des armes d'indépendance. Le mouvement national chinois peut être ou ne pas être xénophobe selon les dispositions des étrangers à son égard. C'est une attitude trop puérile que traiter les nouveaux lettrés, qui ont pris leurs grades dans les Universités européennes, comme on négociait jadis avec les vieux mandarins, insensibles aux sentiments populaires. M. André Duboscq nous apprend que, face à l'Europe, à l'Amérique des missions, des *Settlements* et des ambassades, il y a désormais une extrême Asie, dont les foules creusent, observent, réagissent. Le vieux système n'a plus de prises sur 400 millions d'hommes, dont l'élite pense. L'Europe maintiendra son prestige si elle comprend que l'ère de l'exploitation est close, si elle consent à n'être que le bénévole fournisseur de produits fabriqués et d'idées neuves, tout en faisant emplette de matières rares et de concepts sages, où sa philosophie trouvera encore à glaner.

Cependant ce petit livre ne se présente point comme une pédante leçon. Le lecteur la tirera lui-même du rapide récit de ces conjonctures intellectuelles et sociales. Ce n'est point la méthode française que d'alourdir les succès de gloses. Elle laisse faire au temps. Les actes ont leur éloquence et leur simple philosophie. Dans cette vive description des manifestations de l'âme chinoise, des hésitations européennes, et jusque dans la souplesse de la politique russe nouvelle, on trouvera moins les réflexions indiscrètes de l'écrivain que l'invite latente à comprendre une autre éthique, à ne pas juger la Chine en Occidental invétéré.

Jacques ANCEL.

La Chine en face des Puissances.

CHAPITRE PREMIER

LE PROBLÈME CHINOIS

La donnée psychologique.

Quand, à la lumière des faits, on a longtemps étudié un peuple si éloigné de nous qu'il
soit à tous égards, son âme finit par se détacher
sur le fond de son histoire quotidienne et par
prendre, sous les yeux de l'esprit, un aspect
spécial, exclusif, qui révèle plus ou moins les
mobiles de ses actes, ses tendances et les buts
qu'il poursuit.

Aussi bien, en ces jours où l'Extrême-Orient
est le théâtre d'une évolution dont les conséquences politiques et sociales préoccupent à
juste titre quiconque se penche sur le problème
jamais résolu de la politique internationale,
qui est en somme celui de l'humanité, un impé-

rieux besoin de synthèse s'impose aux gouvernants de tous les pays, pour se reconnaître parmi les peuples de là-bas grâce à la connaissance des conditions particulières à chacun d'eux. Car quelle que soit l'uniformité qui, du fait de la civilisation moderne et des progrès matériels généralisés, gagne les sociétés, l'idée sur laquelle nous sommes souvent revenu et qui montre, à notre sens, la complexité du problème et sa profonde unité, n'en subsiste pas moins. Cette idée est celle de la pérennité des races, c'est-à-dire de la survivance de leur fonds moral quels que soient les morcellements qu'elles aient subis et les apports qu'elles aient reçus ; d'où la relativité des rapprochements qui s'opèrent entre elles et de la similitude qu'elles présentent.

C'est pourquoi, autant par goût que dans l'espoir d'aider dans la mesure de nos forces ceux qui assument la lourde tâche de gouverner, nous étudierons ici un des aspects actuels, et certainement le plus grave, de la pensée chinoise ; nous tenterons, devant l'attitude de la Chine en face des Puissances, le rattachement nécessaire des effets aux causes.

Sans doute devons-nous nous résigner à ne comprendre qu'en partie les Orientaux, à ignorer beaucoup de leurs sentiments et de leurs penchants. Le principal écueil à éviter lorsqu'on étudie l'Orient est, pensons-nous, d'en juger les hommes et les choses à l'échelle des hommes et des choses de l'Europe, de comparer les valeurs de notre civilisation occidentale à celles de la civilisation orientale. D'une certaine conception de la vie chez les peuples d'Orient découlent des croyances, des mœurs, des actes qui ne sont pas, qui ne peuvent pas être les mêmes que les croyances, les mœurs et les actes que commande la conception de la vie chez les peuples d'Occident. Mais, cela dit, nous croyons que si déconcertants que soient pour nos cerveaux précis les faits et gestes des Chinois principalement durant ce premier quart du xxᵉ siècle, si malaisé qu'il soit d'en saisir, ainsi que nous l'avons écrit dans un précédent ouvrage[1], les directives du moment, si

1. *L'Évolution de la Chine*, Bossard, édit., 1921.

ondoyants et si divers qu'ils puissent être, le contact de plus en plus étroit qui s'est établi au cours de ce laps de temps entre la Chine et l'Occident — certaines habitudes prises, certaines ambitions avouées, certaines réalisations achevées ou commencées par les Chinois — permettent à présent d'en percevoir les grandes lignes et d'en dégager la philosophie.

Le temps n'est plus en effet où les événements dont la Chine était le théâtre ne se rattachaient pas à ceux de l'Europe. Les dynasties s'y sont succédé sans que d'ailleurs il y ait eu beaucoup de changement dans les destinées du pays. La stabilité du système politique de la Chine provient de ce qu'il a eu de généreux, de satisfaisant dès le principe ; l'isolement surtout en favorisa la durée. « Ceux qui déclarent qu'une institution est assez sage quand elle est durable, écrit Étienne Pivert de Sénancour [1], devraient préconiser sans réserve la loi des lettrés; aucune autre n'a été vénérée successivement par un aussi grand nombre

1. *Résumé de l'Histoire de la Chine*, Paris, 1824.

d'hommes instruits. Elle est restée forte, parce qu'elle invoque un principe moral que nul ne peut songer à contester. Sans doute il est commun à tous les peuples ; mais l'importance si particulière qu'on lui donnait dans la Chine en faisait une doctrine, une loi, une vertu nationale, et l'ancienne perfection des mœurs a continué d'adoucir les conséquences d'une politique trop défectueuse. Les formes du gouvernement auraient dû être déterminées par d'autres principes ; mais un sentiment pur étant l'origine de cet écart même, et le pouvoir se disant institué pour l'utilité générale, l'erreur qui présente une multitude comme une famille n'est pas entièrement vicieuse. »

Sans doute, mais l'erreur de Confucius a été de croire que le régime patriarcal dans la famille et dans l'État, avec l'Empereur, père de tous et souverain autocrate, à la tête, pourrait toujours suffire à l'humanité. Ce régime eut le mérite insigne de maintenir dans la norme un grand peuple pendant des siècles, mais il finit par ne pas différer du despotisme, vu la rigueur de la tradition qui l'étayait, et il excluait tout progrès. On ne saurait donc blâmer *a priori* les Chinois qui l'ont rejeté hier pour l'État, le discutent aujourd'hui pour la famille et recherchent en même temps une morale nouvelle « créatrice, progressiste, éclairée », qui ne serait plus l'œuvre de tel philosophe ou de tel lettré, mais des « Jeunes », de ceux qui ont étudié à l'étranger et qui réclament, au lieu de l'ancienne culture, les formes d'enseignement les plus actuelles, les plus semblables à celles des grandes nations modernes. Déjà, sauf les modifications à venir, cette morale s'enseigne officiellement telle quelle, sous forme de morale civique jugée suffisante dans les écoles. Elle rappelle par ses fins, le moralisme matérialiste des temps passés, mais elle ne ramène pas tout pratiquement à la piété filiale comme à la vraie règle des mœurs. Elle a plus d'ampleur et de hardiesse. La sociologie, l'économie domestique, l'hygiène y tiennent beaucoup de place; le patriotisme y est proscrit.

La donnée politique.

Cette simple nomenclature prouve à elle

seule des temps nouveaux ; elle renverse les barrières d'autrefois, rapproche les continents, unit les « quatre océans frères » qu'avait entrevus Confucius, et justifie ce que les Reclus écrivaient déjà il y a vingt-trois ans dans *l'Empire du Milieu* : « Le monde est devenu trop étroit pour que les civilisations puissent se développer isolément, en des bassins géographiques distincts, sans se mêler en une civilisation supérieure. » Le dernier mot est peut-être impropre. Il est imprudent de mesurer, de comparer les civilisations et d'établir une hiérarchie entre elles. Telle qui brilla au cours des siècles d'un éclat merveilleux ne ressemblait point à telle autre qui à sa manière ne lui céda en rien. Ce que l'on peut prévoir c'est un monde unifié dans certaines idées et plus souvent dans certaines pratiques. Mais, cette réserve faite, la phrase des savants géographes n'était-elle pas prophétique?

La Chine n'est déjà plus pour les étrangers cette contrée si singulière qu'ils renonçaient à la connaître dans sa vie intérieure, dans ses ressources, dans ses possibilités de toutes sortes.

Elle a pris pour eux un aspect concret; son avenir est envisagé, scruté, dans la vision très nette d'une participation certaine à la vie politique et économique de plus en plus mêlée et solidaire de tous les peuples.

Bien mieux, il apparaît que son évolution s'accompagne d'une attitude à l'égard de ces mêmes étrangers qui peut les surprendre, mais qui depuis longtemps semblait fatale à certains d'entre eux. Pour ces derniers, l'évolution de la Chine, et des pays asiatiques en général, due à l'initiative de l'Occident, activée, précipitée par lui pour des fins intéressées, devait se retourner contre lui. « Les guerres chinoises sont des guerres d'unification morale, écrit courageusement M. Guglielmo Ferrero. La Chine apprend de l'Europe et de l'Amérique ce qui lui est nécessaire pour se rendre indépendante d'elles : le maniement de nos armes par exemple. De plus en plus, il devient manifeste que l'Europe avait fait un beau rêve, mais un rêve enfantin, quand elle avait espéré que les Orientaux prendraient, de notre civilisation, seulement tout ce qui aurait pu servir à nous enrichir plus facilement à leurs dépens et à faire d'eux, nos dociles sujets. »

Nous qui assistons aux premières oscillations notables du bloc chinois, aux premières manifestations d'une conscience de l'univers chez un peuple replié jusqu'ici sur lui-même, à ses premiers gestes de révolte contre l'Europe, essayons de nous expliquer cette nouveauté, efforçons-nous d'en saisir la signification profonde et la portée. La philosophie de la crise est dans cette apparente contradiction d'une Chine qui se dresse contre l'Europe, à mesure qu'elle s'européanise.

CHAPITRE II

LE PASSÉ

Le cadre géographique de la civilisation chinoise.

Des géographes ont pu comparer l'Europe à un corps organisé bien pourvu de membres, à cause des presqu'îles qui se détachent nettement de la masse continentale et laissent les eaux de l'Atlantique et de la Méditerranée pénétrer très avant dans les terres. Cet ensemble péninsulaire, tel que le continent semble s'agiter et projeter des antennes hors de lui, a largement contribué à la civilisation de l'Europe [1].

Au contraire, du côté de l'Asie, le profil oriental de l'ancien monde se présente sous une courbe à peine dentelée, et la Chine en

1. Cf. Elisée et Onésime Reclus, *l'Empire du Milieu*, passim.

particulier s'arrondit du nord au sud de ses côtes, sans autre accident géographique que le golfe du Pé-Tchili formé par l'unique presqu'île coréenne.

La civilisation à laquelle le peuple chinois s'est élevé ne peut donc pas s'expliquer par les articulations extérieures de son territoire : elle est due principalemeut à ses fleuves. Quelques-uns des avantages que possède l'Europe pour la facilité des communications sont donnés à la Chine par la multitude de cours d'eau navigables qui l'arrosent et les canaux qui les relient entre eux, par les ramifications sans nombre d'un réseau serré de voies de communicatious qui a servi comme notre Méditerranée au rapprochement et à la civilisation des habitants.

En Europe, les individualités géographiques sont tellement accentuées — Grèce, Italie, Espagne, France, Grande-Bretagne — tellement limitées par la montagne et la mer, qu'elles ont dû pour ainsi dire élaborer chacune sa civilisation, avant de collaborer toutes ensemble à la formation d'une culture européenne.

Au contraire, la fécondité de la « terre jaune » ou *houang tou*, désignée par Richthofen sous le nom allemand de *lœss*, amas de poussière accumulé pendant des siècles par les vents du nord dans presque tout le bassin du Fleuve Jaune ou Houang-Ho, la fécondité de ce dépôt qui revêt les provinces de Pé-Tchili, du Chan-Si, du Kan-Sou, la moitié du Chen-Si, la partie septentrionale du Honan, de vastes étendues du Chan-Toung et qui se prolonge par lambeaux jusqu'au Fleuve Bleu — ensemble supérieur à la superficie de la France — devait créer aux populations un centre de gravité commun, en même temps qu'elle développait naturellement chez elles, les habitudes paisibles que donne le travail des champs. A la région fertile par excellence que nous venons d'indiquer, se rattachaient des territoires agricoles différents, par lesquels la vie civilisée de proche en proche prenait possession du vaste territoire qui s'étend du Gobi au Tonkin. Une même civilisation, favorisée par une unité géographique qu'aucun obstacle insurmontable ne venait rompre, devait enfin gagner peu à peu les contrées que nous appelons aujourd'hui la Mandchourie, le Japon et l'Indochine.

Mais la conséquence immédiate et fatale de cette civilisation purement autochtone et repliée sur elle-même, si achevée qu'elle fût, était l'isolement, et pendant de longs siècles en effet, les relations intellectuelles et commerciales furent rares entre la Chine et le reste du monde connu. La culture occidentale et la culture extrême orientale se développèrent sans avoir d'influence l'une sur l'autre, sans même se connaître. De temps à autre seulement, les hommes des deux extrémités de l'Ancien monde échangeaient en grande solennité quelques messages officiels par l'intermédiaire de courageux et magnifiques ambassadeurs, mais se considéraient de part et d'autre comme des êtres bizarres, bons tout au plus à exciter la curiosité.

Aussi bien, si aucun obstacle insurmontable ne rompait l'unité géographique de la Chine, les monts tibétains et yunnanais d'accès difficile faisaient pendant, à l'occident, à la mer qui l'isolait à l'est ; tandis qu'au nord, la désertique Mongolie la séparait plus encore peut-être de ses voisins. Et le voyage à l'intérieur, pour quiconque y pénétrait, offrait, comme en témoignent les récits des premiers voyageurs, mille difficultés; de sorte que la nature, après avoir aidé à la formation d'une civilisation hermétiquement close, contribua à la priver longtemps et de rayonnement et d'apports étrangers.

*
* *

Les relations avec l'étranger.

Dans l'immense enceinte défendue par l'océan, le désert et les monts et qui constituait géographiquement un monde distinct, vivait un peuple de « lettrés positivistes et d'agriculteurs positifs, n'ayant d'autre idéal que l'amour de la glèbe, d'autre culte que le culte de la famille et des ancêtres de la famille [1] ». Travailleurs et persévérants, les Chinois surent conquérir pied à pied et coloniser méthodiquement leur

1. René Grousset, *le Réveil de l'Asie*, p. 150 (Plon, édit.).

territoire actuel. De « l'Empire du Milieu »
primitif, c'est-à-dire du bassin du Fleuve Jaune,
de la fertile « terre jaune », ils essaimèrent
dans diverses directions, non sans avoir organisé au préalable, sur des bases tellement im-
muables que les envahisseurs tartares s'y usè-
rent les dents et les ongles, la société la plus
foncièrement adéquate aux simples nécessités
de la vie en commun qui fût jamais.

Ainsi se créait du xiie au iiie siècle avant
notre ère, entre l'âme et le pays chinois, une
sorte d'union en vase clos, une communion im-
perméable aux influences du dehors qui trouva,
un jour, sa forme définitive en une doctrine où
philosophie et religion se réduisaient à une
morale pratique : la doctrine de Confucius.
Alors que d'autres peuples, visant un idéal
plus élevé, participaient à l'effort universel de
l'esprit humain, l'âme chinoise contribuait à
laisser l'Empire du Milieu dans un état de sta-
gnation complète, pendant des siècles. « La
Chine, dit Renan au chapitre premier de la
Vie de Jésus, arriva vite à une sorte de bon
sens médiocre qui lui interdit les grands éga-

rements. Elle ne connut ni les avantages ni les abus du génie religieux. En tout cas, elle n'eut par ce côté aucune influence sur la direction du grand courant de l'humanité. »

Cependant le rempart de plateaux et de montagnes qui ferme la Chine à l'ouest, offrait plusieurs brèches, et avant que s'établissent les rapports du monde occidental avec les riverains de la mer orientale, c'est par la frontière montagneuse que les relations commencèrent. Par la fameuse « route de la soie » qui au delà du Turkestan chinois traversait l'actuelle Kachgarie, et par d'autres chemins encore, ne passèrent pas que des denrées de l'ouest, mais aussi des légendes, des rites et des idées. Le bouddhisme vint de la vallée du Gange et plut aux Chinois par la pompe de ses cérémonies, sans pour cela qu'il changeât le fond de leur religion ou de l'institution sociale qui en tenait lieu, le culte des ancêtres. Pourtant, en l'an 65 de notre ère, après une propagande de trois siècles, il recevait l'approbation officielle de l'empereur, et, ce qui pour nous est plus intéressant, les relations qui s'étaient établies entre la Chine et l'Hindoustan pendant cette période de pénétration, ne furent jamais complètement interrompues.

Au vii° siècle, après une série de guerres intestines, de scissions et de réunification du pays, le calme enfin revenu, des voyageurs chinois s'aventurent vers l'ouest. Plus tard, quand après d'autres guerres, les Mongols assoient leur autorité sur l'Empire du Milieu, ils rapprochent à leur manière la Chine et l'Europe. Déjà maîtres de Moscou et de Kiev, de la Bohême et de la Hongrie, ils eussent poussé plus avant si la mort d'Ogotai, survenue en 1242, ne les avait arrêtés. C'est alors qu'Innocent IV, pour prévenir leur retour, a l'idée de leur envoyer une mission de Franciscains qui n'est guère bien reçue. Il en est de même de celles que saint Louis leur envoie quelques années plus tard. De solennels messages sont chaque fois échangés qui du côté mongol sont dépourvus d'aménité.

Attirés malgré tout par des espoirs de gains, d'aventureux marchands d'Europe partent à leur tour pour la cour des empereurs mongols.

Le plus célèbre d'entre eux, le Vénitien Marco Polo, rédigea de son voyage, en 1298, un récit qui fut pour l'Europe une révélation. De l'Extrême-Orient et de ses habitants, il fit une réalité au lieu d'une entité merveilleuse ; grâce à lui, la Chine entra dans le monde connu et les Chinois, au lieu d'exciter simplement la curiosité, devinrent des hommes avec qui l'on pouvait s'entendre et trafiquer, en dépit de leur mise et de leurs coutumes très différentes de celles de l'Occident.

Ce n'est donc qu'au xiiie siècle, que l'Europe apprit à peu près tout ce qu'elle devait savoir des Chinois pendant trois cents ans. Il faut aller en effet jusqu'au xvie siècle pour trouver de nouveaux écrits sur eux.

A cette époque, les Portugais, en relation avec les Indes depuis le voyage de Vasco de Gama en 1497, poussent jusqu'à la Chine ; des compagnies anglaises, fondées pour faire le commerce avec l'Extrême-Orient, ouvrent des comptoirs à Canton. Puis, avec le xviie siècle, commence à s'exercer largement à la cour de l'empereur de Chine l'influence des jésuites, la plupart envoyés par Louis XIV, influence qui dure jusqu'au règlement néfaste à tous égards de la fameuse « querelle des rites ». En même temps, les Hollandais renseignent l'Europe sur la Chine qui exerce sur eux une véritable fascination. Les Anglais développent avec elle leurs relations commerciales qu'ils intensifieront, le siècle suivant.

Au xviii° siècle, les Russes concluent des traités avec la Chine. En France, c'est l'engouement pour ce pays comme pour tout ce qui peut servir de comparaison désobligeante pour l'ordre social en Europe, sans qu'à vrai dire nous apprenions quoi que ce soit de plus que ce que nous savions déjà sur les Chinois.

Mais voici qu'au milieu du xix° siècle, s'ouvre avec « la guerre de l'opium », une ère de conflits entre la Chine et l'Europe qui contribuera, un peu à la manière de l'invasion mongole, à la connaissance réciproque de l'Occident et de l'Extrême-Orient. Connaissance superficielle de part et d'autre sans doute, mais il faut retenir qu'au cours de cette période, le prestige de l'Europe, d'une Europe prise en bloc sans distinction de nationalités, s'accroît aux yeux des Chinois. C'est l'époque des expéditions internationales, des traités de Nankin, de Tien-Tsin, des conventions de Pékin; c'est plus tard le protectorat de la France sur le Tonkin. Indirectement, le traité de Shimonoseki qui encourage le *break up of China*, augmente encore ce prestige, car c'est à l'emploi des méthodes et des armes européennes que le Japon doit sa victoire.

Cependant si le prestige s'est accru, cette fois, l'esprit de révolte s'est éveillé.

Vaincus par des blancs, passe encore! mais par des jaunes, fût-ce avec les armes des premiers — ou justement, à cause de cela — c'en est trop!

Telle est l'impression que ressent le vieux parti chinois, groupé autour de l'impératrice douairière Tseu-Hi, et resté obstinément rebelle à l'infiltration étrangère, tandis qu'au contraire, le jeune empereur Kouang-Siu se prononce pour les réformes et le progrès occidental à l'imitation du Japon. La lutte est ouverte entre les deux tendances, mais la terrible Tseu-Hi ne

tarde pas à l'emporter sur son neveu qu'elle fait
sequestrer, et, deux ans plus tard, en 1900, elle
donne son appui aux Boxers contre les étrangers.

La révolte contre la dynastie mandchoue.

L'on n'a voulu voir dans le cadre étroit du
soulèvement des Boxers que pure xénophobie.
A présent que le cadre s'est agrandi, que le
mouvement anti-étranger s'est étendu à tout le
territoire chinois et a pris de ce fait un aspect
qu'il n'avait pas en 1900, il est permis de se
demander si déjà à cette époque, il n'y avait
pas autre chose en jeu que de la xénophobie

Quoi qu'il en soit, un autre mouvement, plus
important celui-là, et qui avait éclaté en Chine
en 1848 sur plusieurs points du territoire,
prouve qu'une idée nationale, contrairement
à ce que d'aucuns nient obstinément, peut
exister dans un cerveau chinois[1]. A cette date,

1. Nous avons été des premiers, il y a plusieurs années, à
affirmer l'éveil d'une idée nationale en Chine et nous n'avons
cessé de le soutenir; nous osons le dire, car les railleries
ne nous ont pas été ménagées à ce sujet. Nous ajoutions
pourtant dès le principe que cette idée valait ce qu'elle
valait. Nous priions simplement qu'on tint compte de certains écrits et de certains discours tout nouveaux en Chine.

le traité de Nankin pesait sur la Chine depuis six ans. La dynastie des envahisseurs mandchous avait dû s'incliner devant les étrangers. Oisive et rétrograde au milieu d'un peuple laborieux et avisé, elle n'avait jamais pu se fondre dans sa masse; comme beaucoup de conquérants, elle en avait pris les défauts sans conserver ses propres qualités, ses vertus guerrières. Pour l'abattre, une révolte éclatait dans le sud de l'empire, gagnait la vallée du Yang-Tsé et se répandait au nord jusqu'aux portes de Tien-Tsin. Nankin, recouvrant son rang d'autrefois, devenait en 1851 capitale du royaume de la Grande Paix (T'aï-p'ing) et pendant plus d'une décade menaçait celle des Tsing.

Un sentiment très complexe guidait les Taï-

Un de nos plus distingués et plus ardents contradicteurs se résignait enfin à écrire en 1925 dans une revue d'Extrême-Orient : « Le communisme russe en Occident se fonde sur l'internationalisme; en Chine, c'est sur un nationalisme étroit, rigoureux, intégral qu'il est basé ou, si l'on préfère, sur une xénophobie radicale, puisque le nationalisme chinois n'existe que pour et dans la xénophobie. » Soit! Nous prenons acte malgré tout de la reconnaissance par notre contradicteur, d'un *nationalisme* chinois quel qu'il soit, d'un nationalisme dont la pensée seule qu'on le crût possible, même sous la forme la plus embryonnaire et la plus nébuleuse, l'exaspérait naguère au plus haut point...

ping, mais la xénophobie était si peu leur fait qu'ils mêlaient à leur culte très particulier des cérémonies chrétiennes et comptaient des étrangers dans l'administration de leur « royaume céleste ». (On sait que leur fondateur Houng-Siouts'uan fut quelque temps au service de Mr. J. Roberts de la Baptist Mission de Canton, et découvrit dans la bible chinoise du missionnaire luthérien Gutzlaff, avant de déclarer la guerre politique à la dynastie mandchoue et la guerre sainte à tout paganisme, qu'il était frère cadet, de Jésus-Christ, et prédestiné à établir le royaume de Dieu sur la terre.)

Seulement, quand la dynastie fut à la veille de sa chute, ce furent des étrangers qui, lésés depuis trop longtemps dans leurs trafics par la guerre civile, et voyant leur intérêt dans le maintien de l'unité de l'empire, se dressèrent, en 1862, en ennemis des Taïping aux côtés des Mandchous qu'ils venaient du reste de battre, et les empêchèrent d'occuper Changhaï, ce qui marqua le commencement de leur ruine.

Tout porte à croire que si les Taïping avaient réussi à renverser la dynastie, un esprit national aurait inspiré d'une façon permanente la politique chinoise et amené sans à-coups des conditions nouvelles.

L'ordre rétabli, les sociétés secrètes si développées en Chine et parmi lesquelles Houng-Siouts'uan avait trouvé tant d'adeptes, n'en subsistaient pas moins. Bon nombre d'entre elles n'avaient pas pour but que le renversement de la dynastie mandchoue, mais aussi le renouvellement politique et social de la Chine ; l'appareil des lois et des rites de l'empire leur paraissait plus suranné à mesure que leurs membres se mêlaient davantage aux colonies européennes installées sur le territoire chinois et que, de leur côté, ces colonies étendaient leur influence autour d'elles. De ces rapprochements naissait en Chine un esprit nouveau qui, d'abord docile sinon favorable aux étrangers, devait aboutir à la révolte contre eux. Mais comme on l'a vu, les premières violences, celles de 1900, ne vinrent pas des « Jeunes », de ceux qui sont pour la modernisation de la Chine ; elles ont été inspirées par le vieux parti chinois qui tenait à conserver l'ordre établi et les coutumes anciennes. Ce n'est que dix ans, et surtout vingt-cinq ans plus tard que la « Jeune Chine » se dressera non plus contre une Europe qu'elle redoutera, mais contre une Europe dont le prestige sera singulièrement affaibli.

CHAPITRE III

LES « JEUNES CHINOIS »

Les causes du sentiment anti-étranger.

Les Reclus auxquels on peut toujours utilement revenir, ont écrit : « La faiblesse de l'initiative individuelle, tel est le trait principal par lequel le Chinois semble réellement inférieur à l'Européen. » Le Père Huc qui voyagea en Chine et au Tibet de 1844 à 1846, écrit de son côté : « La crainte de se compromettre est, en Chine, un sentiment presque universel... Ils ont (les Chinois) une expression dont ils se servent à tout propos et qui caractérise très bien ce sentiment. Au milieu des difficultés et des embarras, les Chinois se disent toujours : *siao sin,* c'est-à-dire : rapetisse ton cœur[1]. »

1. *L'Empire Chinois,* t. I.

Ce n'est pas toutefois cet unique sentiment qui incite les Chinois à une prudence excessive et à l'inaction, c'est aussi leur respect pour les principes de Confucius et de Lao-Tseu. L'inutilité de l'effort, l'emploi du moyen terme, la neutralité de l'esprit, en un mot l'application de la fameuse théorie confuciiste de la *Voie moyenne :* « Pas de sympathie, pas d'antipathie, pas d'idée préconçue, pas de conviction ferme, pas de volonté tenace, pas de moi personnel... Ne jamais se déterminer pour un extrême, car excès et déficit sont également mauvais. Suivre toujours la voie moyenne, prendre une position moyenne. »

Mais soudain, cela change.

Une certaine classe de Chinois pensent différemment, parlent et agissent. Ce ne sont pas des « lettrés » vieux style, mais de jeunes « intellectuels », instruits par les Européens eux-mêmes. La maîtrise de soi, la méthode et la prudence, leur font supérieurement défaut ; leurs prétentions qu'alimente un antique orgueil de race, éclatent en des manifestations turbulentes, effrénées, telles qu'elles dénotent d'après

les médecins une nervosité véritablement morbide. Et contre qui? Contre l'étranger craint
et secrètement dédaigné jadis, aujourd'hui ou-
vertement jugé et rejeté — nous verrons plus
loin de quelle manière ; pour l'instant nous ne
recherchons que les causes de cette attitude
franchement anti-étrangère au cours des
dernières années.

Elles sont aisées à discerner et à dénombrer;
elles se réduisent à deux que nous avons déjà
incidemment indiquées. La première et la plus
éloignée, c'est le contact de plus en plus étroit
entre Européens et Chinois ; ce sont les rapports
de plus en plus fréquents entre eux, les con-
naissances scientifiques, européennes, de plus
en plus nombreuses acquises par les Chinois et
qui leur fournissent des raisons de s'affirmer
eux-mêmes ; ce sont toutes les idées européennes déposées dans des cerveaux d'imita-
teurs pleins d'ardeur juvénile et d'ambition et
possédant par surcroît le pays le plus grand,
le plus riche et le plus peuplé du monde. La
seconde et la plus rapprochée n'est autre que
l'événement européen de 1914 et ses suites.

Dans un article publié en 1923, M. Guglielmo Ferrero constatait d'abord que la guerre mondiale avait tout à la fois rapproché et séparé les continents ; puis sa pensée se fixant particulièrement sur la perturbation profonde et contradictoire en elle-même qu'elle a provoquée entre l'Europe et l'Asie, il écrivait : « Lorsqu'un grand empire sort victorieux d'une grande guerre, il devrait en bonne logique inspirer une crainte et un respect plus grands. » Et cependant M. Ferrero montre l'Afghanistan, l'Inde se révoltant peu après l'armistice ; la Perse, l'Égypte « qui apppartient politiquement plus à l'Asie qu'à l'Afrique » se dressant contre l'Angleterre ; la Turquie presque anéantie à la fin de 1918, la tenant ensuite, elle et d'autres, en échec. « La Chine, ajoute-t-il, en dépit de la révolution qui la déchire, a revendiqué depuis l'armistice la totalité de son territoire et de sa souveraineté ; en somme, l'Asie se révolte contre l'Europe au moment même où elle semble s'européaniser. Ce ne sont pas seulement des armes, ce sont des idées et des doctrines européennes et américaines que l'Asie dirige contre nous. Comment expliquer cette étrange contradiction ? »

Et M. Ferrero l'explique par la disparition de l'empire russe : « L'Europe était en 1914 une unité si solide que même les antagonismes les plus accusés ne faisaient que la fortifier. La puissance russe et la puissance anglaise semblaient et étaient partiellement rivales en Asie, et cependant elles s'étayaient l'une l'autre... Toute l'Europe, même les puissances rivales de la Russie, profitaient de la terreur que la puissance moscovite inspirait à toute l'Asie. La chute de l'empire russe a été comme une première délivrance de l'Asie. »

Mais ce n'est pas tout : « L'aspiration à l'indépendance, précise l'éminent écrivain, est renforcée aujourd'hui en Asie par un autre sentiment qui complique la situation : la haine et le mépris de la civilisation européenne qui semblent s'accroître au fur et à mesure que les peuples asiatiques apprennent à se servir de certaines machines et de certaines doctrines occidentales... Beaucoup d'Asiatiques pensent que les barbares, c'est nous. »

Ainsi tout milite contre nous, en même temps que l'idéologie européenne et américaine, en proclamant le principe des nationalités, fournit des arguments à tous les peuples qui s'écartent des influences étrangères, et que la mystique bolchévique leur communique une singulière ardeur...

A regarder les nations qui prétendent à la direction du monde se ruer les unes contre les autres, à voir l'Europe divisée, à distinguer chez les alliés d'hier des dissensions latentes, des intérêts opposés, sûrs à présent que les blancs ne s'entendront plus comme autrefois pour exiger, le cas échéant, des réparations, les Asiatiques ont conçu pour eux un mépris audacieux. La crainte qui, en 1900, n'avait engendré si l'on veut que de la xénophobie dans le cœur des Chinois de Pékin, a fait place à un sentiment plus répandu et qui rappelle, par la multiplicité de ses manifestations, celui qui soulevait les Taïping contre la dynastie mandchoue. Pour connaître l'âme d'un peuple, il faut l'observer non point dans sa vie journalière, mais dans certaines circonstances spéciales de son histoire.

Renforcer les nationalismes existants, en créer ou en réveiller d'autres, a d'ailleurs été l'œuvre consciente ou inconsciente des Blancs chez les Jaunes. Qui s'étonnera du résultat? Si le spectacle de la mêlée européenne a été décisif, si les quatorze articles du programme de Wilson sont venus y ajouter leur dissolvant, depuis longtemps déjà les peuples de l'Asie n'étaient-ils pas instruits par nous des principes qu'ils veulent maintenant utiliser? « Un principe, a-t-on dit, est valable partout, et si le fort oublie le principe à son profit, le faible fera de son mieux pour acquérir une puissance telle que le fort doive lui reconnaître le droit effectif d'utiliser le principe à son tour[1]. »

Par un assez fâcheux contre-temps, nos principes nous reviennent au moment où ils commencent à nous paraître un peu fanés; ils nous reviennent habillés d'éloquence solennelle et redondante, alors qu'affublés chez nous d'une toge usagée, ils nous font quelquefois sourire...

1. A. Van Gennep, t. I, *Traité comparatif des nationalités,* p. 43 (Payot édit.).

Mais cinquante ans de liberté, d'égalité et de fraternité proclamées, cinquante ans de semence à tous vents, et enfin la récolte, n'est-ce point dans l'ordre? Le temps est passé où l'on pouvait faire montre auprès d'un peuple d'idées libérales, tout en profitant d'une stabilité sociale fondée chez lui sur des principes opposés.

Certes, les tendances de la masse chinoise sont encore loin des classes instruites à la façon des Européens et des Américains; mais avant d'être imitées, suivies par le peuple pour longtemps encore indifférent, ces classes la domineront, et en tout cas, ces dizaines de milliers de « Jeunes Chinois » qui les constituent sont ceux que nous avons toujours devant nous et par lesquels seulement nous atteignons la Chine. Si infime que soit leur nombre relativement à l'immense population du pays, il doit suffire à nous faire voir la Chine sous un jour qui n'est plus celui du siècle dernier. « Un pays, a dit Renan, n'est pas la seule addition des individus qui le composent; c'est une âme, une conscience, une personne, une résultante vivante. Cette âme peut résider en un fort petit nombre d'hommes... Ce qui est indispensable, c'est que, par la sélection gouvernementale, se forme une tête qui veille et qui pense, pendant que le reste du pays ne pense pas et ne sent guère. »

*
* *

La propagande bolcheviste.

Nous avons parlé de mystique bolchévique. Le terme n'est pas hasardé. Les convictions mystiques apparaissent aux croyants sous forme de vérités absolues ; elles sont crues par suggestion ou contagion mentale grâce à quoi le mysticisme devient collectif, et de tous les mobiles qui poussent les hommes à agir, ceux d'origine mystique furent toujours les plus forts. Les Croisés partis à la conquête du tombeau du Christ obéissaient à des forces mystiques ; les armées de la Révolution, avides de convertir les peuples à leur foi après les avoir vaincus, obéissaient aux mêmes forces, créatrices « des illusions qui font vivre l'histoire ». *Fides est sperandarum substantia rerum :* la croyance est le fondement de l'espérance. Vérité qui ne s'applique pas qu'aux vertus théologales, mais à toute croyance et à toute espérance y compris la foi bolchévique et l'âge d'or qu'elle engendre dans les imaginations. Nous verrons plus loin les manifestations de cette foi en Chine. Notons simplement l'objet spirituel que le Russe demi-asiatique lui donne aux yeux des Jaunes, à savoir l'unité de l'Asie.

Or le bolchévisme s'étant chargé de matérialiser pour ainsi dire cette unité contre les Blancs, s'applique à « féconder le nationalisme infus dans ces sociétés asiatiques assujetties, pour la plupart, à des dominations ou à des entraves étrangères, longtemps immunisées contre tout germe du dehors, mais qui, parvenues à un point fixe de décadence, sont dans cet état d'attente, de prophétisme, de messianisme, de millénarisme, caractéristique des poussées démographiques et que la commotion universelle de la guerre a exalté[1] ».

1. HENRI MOYSSET, *le Monde slave*, novembre 1924.

Les buts de la propagande bolchéviste en Asie sont donc plus complexes que ceux qu'elle poursuit en Europe. A la dictature du prolétariat s'ajoute ici un autre dessein : « l'Asie aux Asiatiques », sous la direction plus économique, du moins en apparence, que politique de Moscou. D'où, au lieu de noyer dans un immense agglomérat les groupements nationaux et ethniques, affectation de respect pour leur individualité qui devient, il est vrai, dans la pratique, simple entité administrative ; mais leur confiance ainsi captée, un sentiment panasiatique se crée sous l'égide et au mieux des intérêts de Moscou. (On se rappelle le « congrès des peuples d'Extrême-Orient » réuni à Moscou le 21 janvier 1922, par les soins de la III⁰ Internationale.)

La Chine parut être aux Soviets le pays le mieux préparé à entendre le nouvel évangile et à en tenir compte dans le sens qu'ils souhaitaient, à cause de la désagrégation du pouvoir et de l'émiettement de l'autorité dont elle souffre. Pour l'arracher à la tutelle des « puissances capitalistes », une première négociation s'ébauche entre Moscou et Pékin dans le courant de l'hiver 1917-1918. Elle était vouée à un échec. Le gouvernement de Pékin, en effet, en guerre déclarée contre l'Allemagne, restait hostile aux Soviets. Même après le traité de Versailles, qui est cependant pour la Chine une désillusion, celle-ci se joint aux puissances qui discutent le blocus économique de la République des Soviets.

Ceux-ci portent alors leurs efforts sur l'Asie centrale, mais, en 1920, les événements leur permettent de reprendre en Chine la besogne suspendue trois ans plus tôt.

Cette année-là, Koltchak et Wrangel sont battus, les armées rouges occupent le Turkestan et entrent en Sibérie; en avril, la fameuse République d'Extrême-Orient est constituée. Un mois plus tard, le 28 mai, le gouvernement de Moscou, sous la signature de Karakhan, commissaire adjoint aux Affaires étrangères, lance un appel au peuple Chinois, promettant la renonciation aux traités et à tous les avantages obtenus en Chine par la diplomatie tsariste. Des relations de voisinage s'établissent entre certains marchés chinois et les Etats soviétiques limitrophes, pendant que le gouvernement chinois qui ne croit plus avoir aucun avantage à garder une attitude hostile aux Soviets, fait savoir au ministre de Russie à Pékin, le prince Koudachef, que l'ancienne représentation diplomatique et consulaire russe en Chine n'a plus sa raison d'être. En conséquence, le diplomate russe notifie au Waichiaopou (ministère des Affaires étrangères chinois) qu'il considère sa mission comme terminée, et le gouvernement chinois opère, en exécution d'un décret du 23 septembre, la saisie des concessions et immeubles consulaires russes sur toute l'étendue du territoire, l'immeuble de la légation de Russie à Pékin restant provisoirement sous la garde du corps diplomatique.

En 1921, 1922 et 1923, les Soviets essayent vainement de conclure un traité avec le gouvernement chinois; ce n'est que le 31 mai 1924 que Karakhan, leur représentant à Pékin depuis 1923, y parvient.

Sous l'impulsion de ce dernier, la propagande bolchéviste se montra plus active. Le gouvernement de Moscou dépensa d'ailleurs des sommes considérables pour avoir la presse chinoise à son service; d'innombrables brochures de propagande inondèrent le pays. Les Universités furent atteintes. Celle de Pékin se défendit d'abord de toute accusation de bolchévisme, cependant son recteur, M. Tsaï Yuen-Pei, recevant Karakhan, prononçait ces paroles significatives : « La révolution chinoise de 1911 ne fut que politique. Elle tend à devenir sociale. La Russie donne le bon exemple à la Chine qui croit sage de s'instruire de ses leçons. Recevez ici, maître, le chaleureux et cordial accueil de vos élèves. »

Malgré tout, la pure doctrine communiste a peu de prise sur les masses chinoises dont elle heurte les coutumes, le culte de la famille, l'amour de l'argent et de la prospérité, qu'intéressent avant tout leur riz, leur soja, leur sorgo ou leur échoppe et que l'idée n'alimente pas. Les conditions économiques et sociales spéciales à la population chinoise diffèrent de celles du peuple russe d'avant la révolution. La Chine est avant tout un pays de paysans dont beaucoup possèdent un lopin de terre et qui ne pensent certainement pas à devenir communistes. C'est donc sous la forme nationaliste et anti-étrangère seulement que le mouvement qui s'y développe pourrait entraîner dans une action révolutionnaire et sur des promesses fallacieuses de bien-être, une masse d'ignorants sans cohésion et sans défense, des soldats trop nombreux, mal payés et mécontents et surtout cet élément social, encore restreint mais inflammable et tout nouveau en Chine, les ouvriers de l'industrie.

Cependant, « y a-t-il un mouvement bolchévique considérable en Chine, se demandait Karakhan au milieu de l'année 1925? Non. »

« Nous avons, poursuivait-il, de l'influence ici, je veux dire dans les Universités et dans la Y. M. C. A. Nous en sommes fiers et nous n'essayons pas de le cacher, mais le mouvement communiste en Chine est très limité; nous avons ici une situation que je peux définir : engagement d'arrière-garde dans la lutte des ouvriers; ce n'est pas un engagement d'avant-garde. Le peuple chinois bataille encore pour ces choses

élémentaires que les travailleurs dans les nations capitalistes, ont obtenues depuis longtemps. La Chine néanmoins avance, maintenant
très rapidement. Il y a deux choses à remarquer
au sujet du mouvement des travailleurs et
des étudiants, qui rendent le mouvement si-
gnificatif comme préparation d'une bataille
décisive plus tard. Premièrement, le mouvement est national et non pas provincial. Il
comprend les travailleurs comme base solide
avec les étudiants comme ferment actif. Il
présente quelque ressemblance avec la révolution russe de 1905 qui rendit possible la dernière révolution. Deuxièmement, les buts de ce
mouvement chinois sont clairement définis.
L'affaire des Boxers était un vague mouvement anti-étranger. Le mouvement présent a
des buts définis. »

Depuis que ces paroles ont été prononcées,
l'influence des Soviets en Chine n'a fait aucun
progrès.

Le fait nouveau chinois.

Si les Soviets excitent le nationalisme chinois, contribuant en cela à augmenter le désarroi moral et social de la Chine en vue de la révolution mondiale, souvenons-nous qu'appelés par les puissances, au cours des dernières années, à s'asseoir à la même table que leurs plus illustres représentants, les « Jeunes Chinois » ont pris conscience d'eux-mêmes et pourraient logiquement s'étonner, si à tant de considération succédait de l'indifférence ou tout au moins une négligence qui ressemblât à du dédain.

La négligence même n'est plus possible avec l'esprit qui souffle en Chine, le sentiment qui en découle ne remplirait-il pas toutes les conditions requises pour être égal et conforme au patriotisme d'un Européen. On discutera tant que l'on voudra sur le patriotisme et la dignité nationale des Chinois, expressions couramment employées à présent dans les notes officielles de Pékin; on fera toutes les distinctions qui s'imposent entre xénophobie et patriotisme, il n'en reste pas moins que le jour où les Chinois nous parlent de leur patriotisme, quelle que soit la façon dont ils le ressentent et dont nous voulions l'entendre, nous sommes mis devant un fait, et toutes les subtilités de la psychologie n'y changeront rien.

A mesure que les idées européennes et américaines pénètrent dans les classes instruites, une conscience nationale, un désir d'indépendance se généralisent; à mesure qu'ils appliquent nos sciences, qu'ils « apprennent à *se servir* (rien de plus) de certaines machines et *de certaines doctrines occidentales* », les Chinois rejettent notre tutelle et tout ce qui fait de nous dans leur propre pays, une caste privilégiée. Loin de confondre les deux faces de la civilisation : le côté intellectuel et le côté moral, ils demeurent convaincus que ni les progrès scientifiques, ni les progrès industriels ne constituent vraiment l'essentiel d'une civilisation, mais ne sont qu'un élément d'ordre secondaire qui ne peut caractériser cette civilisation même. Au fond, comme l'écrivait Okakura Kakuzô, « la Chine avec sa douce ironie, considère la machine comme un instrument, non comme un idéal » et, pour tout dire, méprise une civilisation qui prétend résider dans le bien-être et le confort, au lieu de se traduire dans la plus haute expression morale des individus, dans l'expression humaine de toutes les vertus d'un sol.

CHAPITRE IV

LE NATIONALISME

Les manifestations indirectes.
Après avoir essayé d'expliquer l'attitude
des Chinois à l'égard des étrangers au cours de
ces dernières années, nous nous arrêterons
aux manifestations du sentiment nouveau que
reflète cette attitude, les plus effectives et les
plus opérantes n'étant pas nécessairement les
plus claires et les plus immédiatement percep-
tibles. Nous fixerons en même temps la person-
nalité bruyante des manifestants.

« Tout patriote, a dit Rousseau, est dur aux
étrangers. » Serait-ce par cet argument de
notre propre auteur, que les Jeunes Chinois
nous deviendraient hostiles ?... Quoi qu'il en
soit, ne nous étonnons pas que Montesquieu et
Rousseau — ce dernier surtout — aient mis
leurs principes dans ces cerveaux préparés à les

adopter. Le *San Tseu King* ou « Livre en stances de trois caractères » commence par cette phrase : « La nature humaine est bonne dans son principe, le mal provient de ce que l'homme s'en écarte. » Que sur des millions de Chinois qui, dans leur enfance, ont appris à lire les caractères les plus usuels en répétant cette phrase à satiété, il s'en soit trouvé des milliers pour y croire, rien de plus naturel. On s'explique combien il fut aisé aux novateurs de faire admettre à ceux-ci les conséquences politiques de l'égalité des hommes, c'est-à-dire la nécessité de jeter bas le pouvoir de droit divin et de le remplacer par des institutions démocratiques.

La « Jeune Chine » ne date vraiment que des leçons de la guerre russo-japonaise (1904-1905), quand la connaissance du savoir occidental apparut comme seule capable d'aider un peuple à vaincre ou au moins à se défendre. La victoire japonaise de 1895 avait bien révolté certains Chinois et éveillé parmi eux le goût ou l'envie des réformes, mais ces réformateurs, du reste peu nombreux, n'offraient rien de comparable à l'excitation morbide des manifestants d'aujourd'hui ; aussi Tseu-Hi en était-elle vite venue à bout. Après la victoire des Japonais sur les Russes, c'est toute la jeunesse des écoles qui se laisse enrégimenter dans les rangs des novateurs qui, comme Sun Yat Sen, ont voyagé ou voyageront demain en Europe et en Amérique, et se déclare bruyamment pour les réformes.

Certes, on peut dire qu'à tous égards, c'est bien la « Jeune Chine » qui se lève ! Chez nous, sont étudiants les jeunes gens inscrits dans les Facultés ; en Chine, ce sont tous les écoliers qui se dénombrent à présent par quatre millions et demi dans les écoles gouvernementales et un million dans les écoles privées indigènes et étrangères.

Tels sont les manifestants. La presse, les centaines de journaux qui existent en Chine, les secondent, véhiculent dans l'Empire leurs idées ou, plus exactement, les idées de ceux qui les mènent et déterminent surtout dans les ports ouverts où se trouvent les étrangers, un courant de nationalisme aigu et délirant ; agressif, ce nationalisme ne le deviendra qu'après 1911, sur le territoire de la République, quand ayant atteint son premier but, le renversement de la dynastie, il tendra au second, l'affranchissement des tutelles ou des influences étrangères. Car tel est le programme de nos nouveaux nationalistes, contrairement à celui des Taïping qui ne consistait qu'à abattre la dynastie des envahisseurs.

Cependant, au dire de certains, les deux buts se confondaient déjà dans la révolution de 1911.

« On s'est d'abord quelque peu moqué, en Europe, écrit M. Ferrero, de la République d'Angora et de la République de Pékin; on a cru y voir une singerie maladroite d'élèves stupides, s'appliquant à copier des modèles pour eux incompréhensibles. Il se pourrait que les républicains turcs et chinois aient su ce qu'ils faisaient, mieux que leurs critiques d'Europe ne le supposent. La république n'a été dans les deux pays, qu'une machine de guerre du nationalisme contre l'influence étrangère. Telle est d'ailleurs, un peu partout, la fonction des institutions républicaines. La république est une forme de gouvernement beaucoup plus nationale que la monarchie, qui, par sa nature, doit tendre à une sorte de cosmopolitisme ou d'universalité supérieure aux variétés nationales. »

Ainsi la révolution chinoise serait une manifestation du sentiment national, manifestation moins claire que d'autres, mais certes non moins opérante. De fait, elle est le point de départ de toutes celles de même ordre qui se sont traduites non seulement par des troubles de rue, mais par des doctrines, des théories, une évolution intellectuelle désordonnée, mais au fond de laquelle se retrouve toujours le même mobile : l'indépendance à l'égard des étrangers.

Le propre de cette évolution, ou si l'on veut de cette agitation, fut d'aller d'emblée aux extrêmes. Alors qu'on a vu les Japonais glisser pour ainsi dire de leurs méthodes aux nôtres, le bouleversement semble être à l'ordre du jour des Chinois. Cela tient à ce que l'organisme chinois, issu d'un traditionalisme étroit, est moins souple, partant moins apte aux transformations que l'organisme japonais exercé depuis longtemps aux assimilations partielles, qu'il les tienne de la Chine, de l'Inde ou d'Europe. Et puis la Chine n'a jamais eu comme le Japon cette classe de patriotes farouches, les Samouraï, qui, tout en concevant la nécessité de la révolution et du progrès, surent modérer l'ardeur des innovateurs, ménager des transitions, empêcher les brusques changements.

Au contraire, les doctrines extrêmes, les plus éloignées de leur traditionalisme, seront celles qui auront le plus de chance de convenir aux Jeunes Chinois qui ont tendance à faire table rase de tout ce qui supporta, pendant des millénaires, l'édifice de leur civilisation. « On appelle notre âge, l'âge de l'affranchissement, lit-on dans la *Revue des Jeunes* (depuis *la Jeunesse nouvelle*), de septembre 1915. Affranchissement civil, affranchissement religieux, affranchissement financier, et pour les femmes, affranchissement du joug de l'homme... Nous, la jeunesse nouvelle de la société nouvelle, nous aspirons à la suppression de toutes les formes de gouvernement qui ont fatigué l'humanité ; nous espérons l'avènement d'un état social perfectionné. »

⁂

L'idée de patrie dans la morale nouvelle.

Rien ne révèle plus clairement l'état d'esprit des Jeunes Chinois, que leur besoin d'une morale nouvelle.

Dans son ouvrage *le Flot montant*, le P. Léon Wieger fait de cette morale, l'exposé suivant, d'après un article de la Revue *la Jeunesse nouvelle*, de février 1918.

« A l'avenir, la morale devra être créatrice, progressiste, éclairée. 1° Créatrice. — Nos actions et nos paroles de chaque jour produisent des effets sur notre entourage, sur la société. Il faudrait que ces effets fussent créateurs, non destructeurs. Il nous faut une morale altruiste, non égoïste ; une morale qui, profitant aux autres, profite à la société. 2° Progressiste. — Les instructions morales sur le bien et le mal ne manquent pas chez nous, nos moralistes nous en ont laissé par centaines. Mais cette morale est vieillotte et stéréotypée. De nos jours, faire le bien et éviter le mal, n'est plus qu'une morale étriquée et incomplète. Le mouvement social exige de nous tous que nous nous intéressions et participions à la moralité des autres. Le temps de la pureté solitaire, du repos dans la paix, est passé. Les enseignements de Wang Yang-Ming et de Jésus sur la morale active et progressiste devont être désormais le code de notre Jeunesse nouvelle. 3° Éclairée. — Le bas peuple agit bien assez souvent mais sans savoir pourquoi, par instinct ou par imitation. Pareille morale n'étant pas éclairée, n'est ni ferme ni constante. L'enseignement théorique de la morale devrait être plus développé chez nous. Il faudrait faire table rase de certains points de morale courante, reconnus faux et préjudiciables. Le christianisme met à l'arrière-plan de sa morale le ciel et l'enfer et au premier plan l'obéissance à Dieu en tout, pour obtenir le ciel et éviter l'enfer. Sa morale n'est donc pas de la morale, c'est de l'intérêt, du calcul. L'enseignement devrait propager chez nous la morale sociale désintéressée, pratiquée non pour aucun avantage particulier, mais pour le bien commun. »

La morale nouvelle, dont l'apparition date du lendemain même de la révolution de 1911, est déjà condensée dans les manuels scolaires et enseignée à l'enfant comme une leçon.

Nous insisterons pour des raisons que nous avons indiquées dans le chapitre précédent, sur la place que l'idée de patrie tient tant dans les manuels de morale que dans les articles de presse des Jeunes Chinois.

On lit dans le *Manuel à l'usage des écoles primaires supérieures :*

« Tout homme a le devoir de protéger son pays ; il doit être loyal et fidèle. Cette loyauté fait partie des dons naturels, de la nature droite, reçue du ciel (innée). Dans ces dernières années, notre pays a été outragé par l'étranger souvent et gravement, et les motifs de rancune ne nous manquent pas... Que les nôtres se le tiennent pour dit. S'ils songent à se venger de l'étranger, s'ils veulent le vaincre à son tour, il leur faudra d'abord fondre en un seul cœur les cœurs de tous les citoyens de la Chine. Au temps où nous vivions séparés du monde, les soldats n'étaient nécessaires que pour réprimer les rebellions intérieures. Maintenant, en ce temps de relations internationales, on en a besoin de plus, pour empêcher que le pays ne soit insulté. »

Un étudiant écrit dans |*la Jeunesse nouvelle* du 10 mars 1920 :

« J'ai perdu ma mère, il y a deux ans. A cette occasion, j'ai remarqué dans nos rites funèbres bien des choses qui m'ont indigné... Les parents et les parentes firent si bien qu'il me fallut ôter mes habits fourrés. Pourquoi les fourrures sont-elles prohibées en temps de deuil? Qui donnera à cette question une réponse raisonnable? Ne peut-on pas prouver sa piété filiale autrement qu'en se laissant geler? J'aime mieux le procédé d'un certain Li, lequel se contenta, pour tout deuil, de faire cuire mille tasses en porcelaine fine, portant chacune cette inscription : « Ma mère mourante m'a dit : Mon fils, n'oublie jamais l'outrage national du 7 mai », l'ultimatum japonais de 1915 à la

Chine pour l'acceptation des vingt et une demandes [1]. »

Un élève de l'école de langues d'Ou-Tchang se demande dans la *Revue des étudiants :*

« Qu'est-ce que le patriotisme...? C'est un amour ardent mis au service de son pays. Le patriotisme est l'âme d'une nation. Un pays sans patriotisme ne serait pas digne d'exister. Nous, jeunes gens, à notre âge, comment serons-nous patriotes? En remplissant bien tous nos devoirs sociaux, en formant notre caractère, en nous opposant à ceux qui voudraient exploiter le pays à leur propre profit, en veillant toujours au salut de notre pays... En cas de guerre, tout Chinois doit saisir un fusil et se placer pour le défendre devant le drapeau à cinq couleurs [2]. Le citoyen doit faire corps avec

1. Les vingt et une demandes du Japon étaient destinées à faire octroyer à cette puissance la place de l'Allemagne dans les droits et privilèges qu'elle possédait dans la province du Chan-Toung, et à garantir aux Japonais une incontestable suprématie en Chine. (Cf. notre livre : *l'Évolution de la Chine*, p. 42.)

2. Les cinq couleurs du drapeau chinois sont : le rouge, le jaune, le bleu, le blanc et le noir qui symbolisent les cinq races : chinoise, manchoue, mongole, turque et tibétaine.

son pays aussi bien dans l'adversité que dan
la prospérité[1]. »

Une dernière citation qui n'est point cell
d'un « Jeune » et qui d'une certaine manière es
par là plus intéressante encore pour nous
C'est la remarque d'un des hommes les plu
réfléchis et les plus représentatifs d'une Chin
parfaitement évoluée que nous ayons rencon
trés, M. Lou Tseng-Tsiang, ancien président du
Conseil et ministre des Affaires étrangères.

« Les gens qui s'inquiétent du sort de l
Chine craignent fort que la crise financière n
cause sa perte, écrivait-il en 1919 dans un rap
port au président de la République chinoise,
son retour de la Conférence de la Paix où i
avait représenté son pays. A mon humble avis
ce n'est pas cela, mais le défaut de patrio
tisme de nos compatriotes que nous devon
redouter aujourd'hui. Les précédents que l'o
pourra facilement trouver dans l'histoire, le
récents exemples que nous donnent les puis

1. Ces textes sont traduits par le P. Wieger dans se
ouvrages *le Moralisme officiel* et *le Flot montant*, impri
més à T'ou-sé-wé (Zi-ka-wei), près Changhaï.

sances amies sont là pour nous prouver que le seul moyen de sauver notre pays de la ruine est dans le relèvement du sentiment patriotique de notre peuple. »

Si instructives pour nous, si édifiantes en soi que puissent être les citations que nous venons de faire, nous ne sommes pas si simple que de croire la Jeune Chine tout entière prête à les approuver. Nous savons qu'en même temps qu'elle est pleine d'aspirations bonnes, elle est saturée d'erreurs anciennes et modernes ; que non seulement un souffle de nationalisme l'agite, mais que les doctrines les plus diverses, les plus subversives même, venues de partout et surtout d'Europe, ne la laissent pas indifférente. Les mêmes revues, les même journaux contiennent des articles de l'inspiration et des tendances les plus opposées. C'est partout la même confusion dans la recherche d'un mode de vie sociale, comme dans celle d'une morale nouvelle. En dépit de l'enseignement officiel et généralisé des manuels, le désarroi est dans les esprits. De longues années sont nécessaires pour calmer, d'un côté, l'ardeur excessive de ceux qui veulent transformer au plus tôt le fonds d'idées de leurs concitoyens, et pour secouer, de l'autre, l'apathie de la masse.

Cependant si sous l'Empire, l'amour de la patrie ou ce qui en tenait lieu s'identifiait avec celui de l'empereur, représentant de la suprématie chinoise sur tous les peuples du monde, et si, seules, les classes officielles semblaient en être imprégnées, force nous est de constater qu'il n'en est plus de même à présent. Peu à peu, parmi la jeunesse des écoles, une âme nouvelle se forme qui réagit, qui risque d'être une âme xénophobe, mais n'en exprime pas moins un sentiment qui n'est autre que le sentiment national. Et si mal compris que soit encore ce sentiment, il serait désormais aussi absurde de le nier qu'imprudent de le négliger.

*
* *

Les manifestations directes.

De toutes les manifestations du sentiment nouveau qui anime la jeunesse des écoles, aucune n'eut l'importance de celle du printemps de 1925, à Changhaï[1]. Les étudiants ont toujours formé la majorité agissante du parti de Sun Yat Sen; en 1921, ils excitaient les ouvriers qui troublaient Canton; en 1923, on les retrouvait dans la grève des marins de Hong-Kong; mais jamais leur animosité contre les étrangers n'avait atteint le degré qu'elle atteignit l'an dernier.

Si l'on résume les événements qui se sont alors déroulés à Changhaï, on voit à l'origine une révolte éclater dans une filature de coton japonaise à l'occasion du traitement infligé à un ouvrier chinois par ses patrons. Les compatriotes de ce dernier, employés dans la même filature, prennent fait et cause pour lui et se mettent en grève. Des éléments subversifs, nombreux à Changhaï, et toujours aux aguets depuis que les bolchévistes y travaillent, se saisissent immédiatement de ce prétexte pour

---

1. D'après le *Bulletin économique chinois* de juin 1925, publié par les Bureaux officiels des informations économiques, plus de 43.000 étrangers résident à Changhaï, dont 18.902 Japonais, 8.400 Russes (400 seulement sont enregistrés au consulat des Soviets), 7.657 Anglais, 4.012 Américains, 1.100 Français, 930 Allemands, 680 Portugais.

créer, dans la concession internationale, un mouvement de rue anti-japonais. (On sait qu'il existe à Changhaï, en bordure du Houang-Pou ou rivière de Changhaï, une concession internationale formée en 1863 de la concession anglaise (1843) et de la concession américaine (1848), puis, en amont de la concession internationale, la concession française qui date de 1847.)

Le 30 mai, au matin, des manifestations d'étudiants et d'ouvriers ont lieu. Des étudiants sont arrêtés. L'après-midi, leurs camarades vont protester contre leur arrestation devant le poste de police de la concession internationale où on les retient, et exigent leur élargissement. A un certain moment, les policiers, sujets anglais pour la plupart, tirent sur la foule, sans nécessité absolue, ce qui s'implique des suites de l'enquête internationale qui suivit[1] : quatre étudiants sont tués, six blessés

---

1. « Les trois juges (anglais, américain, japonais) nommés pour éclaircir cet incident, dit à la Chambre des Communes, le 1ᵉʳ février 1926, sir Austen Chamberlain, n'ont pas pu s'accorder sur un rapport unanime. Leurs rapports séparés ont été soigneusement étudiés par le Corps diplo-

dont deux succombent bientôt, et dix-sept passants sont atteints dont trois meurent peu de temps après; enfin plus de quarante étudiants sont arrêtés.

Le 31 mai, étudiants et ouvriers contraignent le président de la chambre de commerce chinoise de signer un ordre de grève générale et adoptent un certain nombre de résolutions, notamment la remise entre les mains des Chinois du contrôle de la police municipale, le retrait des vaisseaux de guerre étrangers de la rivière de Changhaï, la mise en liberté des détenus, le châtiment des policiers qui ont tiré, une indemnité pour les familles des victimes et

matique de Pékin et la substance en a été communiquée au conseil municipal de Changhaï. La majorité des juges a complètement déchargé la police, mais le conseil a décidé, dans l'intérêt des bonnes relations avec les Chinois, d'accepter la démission du chef de la police et de l'inspecteur de police qui avaient ordonné d'ouvrir le feu le 30 mai (!) En même temps le conseil a exprimé publiquement ses regrets de la perte d'existences survenue le 30 mai, et pour marquer sa sympathie envers les blessés et les parents des tués, a adressé un chèque de 75.000 dollars au doyen des consuls pour être remis aux autorités chinoises et distribué parmi les intéressés. » Jugé insuffisant par ces dernières, le chèque fut renvoyé au doyen, et l'affaire, au moment où nous écrivons, n'est pas encore réglée.

l'abrogation temporaire des taxes municipales.

Le 1er juin, le ministre des Affaires étrangères de Chine adresse une protestation au doyen du Corps diplomatique à Pékin, dans laquelle il fait remarquer que « quel que soit le caractère de la manifestation, les étudiants qui sont des jeunes gens de bonne famille, pleins de patriotisme et non armés, ne sauraient être en aucun cas traités comme de simples malfaiteurs et qu'au lieu de les calmer par des moyens appropriés, la police a recouru aux moyens extrêmes ». Il prie en outre le doyen de « donner d'urgence les instructions nécessaires aux autorités consulaires de Changhaï, afin que soient remises immédiatement en liberté les personnes arrêtées et afin que lesdites autorités s'entendent avec le commissaire spécial des Affaires étrangères à Changhaï, pour empêcher le retour de pareils événements ».

Mais au même moment, les étudiants se réunissent dans la rue où la foule s'est massée et « lorsqu'ils se disposent à attaquer la police, dit une dépêche de source anglaise, celle-ci dirige sur eux un jet de pompe à incendie.

Les assaillants arrachent les pavés et les lancent sur la police qui alors ouvre le feu. »

Il y a, cette fois, trois morts et dix-huit blessés.

Le 2 juin et les jours suivants, grève et manifestations continuent sur la concession internationale.

Entre temps, le doyen du Corps diplomatique répond au ministre des Affaires étrangères en justifiant l'attitude de la police. Celui-ci réplique en chargeant au contraire la police de la responsabilité entière des troubles.

Le doyen envoie une seconde note dans laquelle il déclare que le gouvernement chinois est incomplètement informé et annonce qu'une délégation diplomatique partira bientôt de Pékin pour Changhaï où elle se livrera à une enquête minutieuse, sur tout ce qui s'est passé.

Cependant le mouvement anti-étranger, en l'espèce anti-japonais et anti-anglais, se propageait sur le territoire chinois[1]. Non seulement

---

1. Les manifestants criaient, et leurs bannières portaient l'inscription : *Ta tao Ing kouo kiang tao*, ce qui veut dire : frappez et renversez ces brigands d'Anglais. Malgré tout, l'antipathie manifestée à l'égard de certaines nationalités

Ning-Po, Nankin, Hankéou, Kiou-Kiang, Tien-Tsin, Pékin, Amoy, Souatéou, Hong-Kong et Canton furent gagnés au mouvement, mais encore les villes lointaines de l'ouest comme Tchong-King sur le Haut-Yang-Tsé. Avec des alternatives de recrudescence et d'accalmie, les manifestations durèrent jusqu'à l'automne, époque à laquelle les préparatifs des généraux assez vite suivis de l'ouverture d'hostilités, détournèrent l'attention des manifestants.

Les doléances officielles.

Quoi qu'il en soit, les incidents de Changhaï et autres lieux ont fait davantage pour l'idée nationale en Chine que des années de propagande. Des voix se sont élevées parmi les Chinois, avec un sang-froid, une volonté d'être entendues, une précision inaccoutumée qui nous frappent plus que les cris de la rue ; nous savions que le Chinois, d'apparence souvent allègre, s'abandonne parfois brusquement

doit en faire réfléchir d'autres. C'est contre l'influence étrangère en général et sans distinction de nationalités, que la campagne d'affranchissement se poursuit actuellement en Chine.

à des élans de rage irrésistible. Les médecins européens connaissent sa nervosité anormale et certains voient en lui un névropathe et un hystérique. Mais il faut lire la déclaration à la fois pondérée et ferme faite au milieu de juin 1925 et communiquée à la presse par M. Tcheng Loh, ministre de Chine à Paris.

« La cause profonde de ces événements (les manifestations anti-étrangères), y lisait-on, est le réveil de la dignité nationale chinoise. Les relations de notre pays avec les nations étrangères sont encore basées sur des traités surannés, qui ont débuté par la guerre de l'opium de 1842 et qui ont été successivement imposés à la Chine dans des cas où elle ne possédait plus son entière liberté de contracter. Ce fut une série d'abus dont l'histoire rendra justice à la Chine.

« Lors de la grande guerre 1914-1918, la Chine vint se ranger aux côtés des alliés mettant tous ses espoirs en la justice des Européens ; ce fut une nouvelle et grande désillusion pour le peuple chinois. Sur l'initiative des États-Unis d'Amérique, la Conférence de Washington fut convoquée en 1921. Mon pays y obtint quelques parcimonieux retours de nos droits légitimes; malheureusement jusqu'à présent, l'extension de ces engagements n'a été que partiellement accomplie. Citerais-je, par exemple, la question, vitale pour nous, des tarifs douaniers?...

« Depuis l'établissement de la République en Chine, notre diplomatie est ouverte, en ce sens que l'opinion publique chinoise est parfaitement au courant de tout ce qui se passe; on ne peut donc pas critiquer les Chinois, tant leur patience a dépassé toute limite; et, lorsque le peuple chinois demande la révision des traités, il ne fait que réclamer l'application normale d'un principe de droit international public reconnu de tout temps, même par le pacte de la Société des Nations (article 19). »

Presque en même temps que cette déclaration, la Légation de Chine communiquait les passages essentiels de deux notes adressées, le 24 juin, par le ministre des Affaires étrangères chinois au Corps diplomatique de Pékin et télégraphiées, le 25, aux représentants de la Chine à l'étranger.

La première de ces notes donnait la version chinoise des événements de Changhaï et de diverses autres villes.

« D'autre part, ajoutait la Légation, le ministre de Chine a été tenu au courant par son gouvernement de l'échec des négociations qui ont été engagées à Changhaï le 18 juin. De nouveaux efforts ont été accomplis depuis pour aboutir à la reprise des pourparlers, mais cette fois-ci à Pékin même, avec les représentants des puissances étrangères.

« Parmi les 13 vœux exprimés par la délégation chinoise à Changhaï, les plus importants sont : la rétrocession à la Chine de la cour mixte de Changhaï dans un délai à déterminer ; l'amélioration du traitement des ouvriers chinois employés par les étrangers ; le droit pour le contribuable chinois de la concession de voter aux élections du Conseil municipal, etc. [1]. »

La seconde note débordait de beaucoup le

_____

1. Un autre vœu comportait pour les victimes ou leur famille une indemnité qui a été admise. Le troisième vœu mentionné ici, a été adopté ; les deux autres sont examinés.

cadre des événements litigieux. On en jugera par les passages qui suivent :

Durant ces dernières années, un sentiment a constamment grandi, partagé même par de nombreux hommes d'État étrangers, suivant lequel, afin de rendre justice à la Chine, aussi bien que dans l'intérêt de toutes les parties contractantes, il y aurait lieu de reviser les traités qui régissent les relations entre la Chine et les autres puissances, afin de les mettre mieux au niveau de l'esprit général des lois internationales et de l'équité et de les rendre plus conformes aux conditions actuelles de la Chine.

Il faut rappeler que la plupart de ces traités ont été conclus non seulement il y a très longtemps, mais qu'ils ont été négociés dans des circonstances telles qu'il est difficile d'admettre que la Chine ait pu prendre pleine part dans les discussions en toute liberté, liberté qui devrait régir constamment les relations normales entre la Chine et les autres puissances. Mais comme il vient d'être dit, ces traités ont été conclus dans des circonstances particulières, et, quoique la situation ait grandement changé, ils sont restés en vigueur. La continuation indéfinie des extraordinaires privilèges politiques et économiques et des immunités conférés par les traités aux étrangers semble difficilement pouvoir rester en harmonie avec les circonstances actuelles.

Cependant, d'après les restrictions imposées par ces traités, il y a des inconvénients réciproques et des désavantages qui affectent toutes les matières concernant la Chine et les autres puissances. Aussi longtemps que ces inégalités et ces privilèges extraordinaires subsisteront, il y aura des causes de désaffection, qui seront susceptibles de créer des difficultés et de troubler les relations cordiales et de bonne entente entre la Chine et les puissances étrangères, comme, par exemple, on a pu le constater dans les récents événements de Changhaï.

Avions-nous tort de dire que cette note, sur l'esprit de laquelle nous reviendrons, dépassait le litige? Loin de s'y tenir, elle n'y fait allusion que pour justifier une demande de revision des traités. Peu de documents montrent mieux que celui-là le changement qui s'est opéré dans les rapports des autorités chinoises avec les représentants des puissances étrangères, leur volonté, leur froide résolution, leur révolte sourde plus impressionnante que les manifestations populaires. Un pays qui s'exprime ainsi par la voix de ses gouvernants a cessé de n'être qu'une civilisation et est en train de devenir une nation. Du moins il le veut. Qu'il soit « dépourvu du sens des ménagements et des transitions graduelles indispensables », qu'il oublie qu'il manque de cadres, d'hommes expérimentés, soit ! Mais il n'est plus « figé dans les routines des lettrés inaptes à tout changement ».

De même que « dans les anciens âges, ce qui faisait le lien de toute société, c'était un culte », comme l'a soutenu Fustel de Coulanges dans la *Cité antique*, de même que l'autel de la cité s'éleva après l'autel domestique, de même dans cette Chine sans âge, pour qui le temps n'est rien, le culte de la nation commence à se substituer ou plus généralement à s'ajouter au culte des ancêtres.

CHAPITRE V

LES GAINS DE LA « JEUNE CHINE »

La Conférence de la Paix.

Une des circonstances mémorables où les Chinois se montrèrent décidés à entamer l'édifice juridique et administratif élevé chez eux par les Européens, c'est la Conférence de la Paix qui suivit la guerre de 1914. Si, comme on va le voir, le résultat pour eux fut négatif, l'effort qu'ils firent ne fut pas perdu : il les forma et prépara en même temps leur auditoire international à d'autres tentatives de même ordre.

On sait que la Chine avait déclaré la guerre à l'Allemagne et à l'Autriche le 2 août 1917. Dès le lendemain de l'armistice, le président de la République chinoise marquait dans un télégramme au président de la République française l'espérance qu'entretenait son pays de se voir attribuer un siège à la Conférence de la Paix.

La presse chinoise exprimait le même espoir, mais annonçait en même temps que la Chine profiterait des assises internationales qui allaient s'ouvrir, pour exercer ses revendications à l'égard de tous les peuples, qu'ils aient été ses alliés ou ses ennemis.

Bien que surpris de cet avertissement inopportun, les grands Alliés attribuèrent à la Chine un siège à la Conférence, comme à tous les pays qui s'étaient tournés de leur côté pendant la guerre.

C'est alors qu'en avril 1919, au cours de la Conférence, la délégation chinoise soumit à celle-ci un certain nombre de questions à résoudre, outre les fameuses revendications touchant la restitution directe à la Chine des droits allemands au Chan-Toung[1].

Le mémoire qui contenait l'exposé de ces questions s'ouvrait sur l'*Introduction* suivante dont le ton est à remarquer :

1. Voir dans *l'Évolution de la Chine* : l'affaire du Chan-Toung, pp. 80 et suiv.

Depuis le commencement du siècle, et en particulier depuis la révolution de 1911 qui a substitué à l'ancienne autocratie impériale un régime républicain, la Chine a réalisé des progrès marqués dans l'ordre politique comme dans l'ordre administratif et économique.

Son libre développement est toujours retardé par un certain nombre d'entraves de caractère international. De ces entraves, les unes sont des legs du passé, conséquences d'un état de choses qui a cessé d'exister. Les autres résultent d'abus récents que l'on ne peut justifier, ni en équité, ni en droit. Leur maintien perpétuerait des causes de difficultés, de frictions, de discordes. Au moment où la Conférence de la Paix cherche à fonder l'édifice d'un monde nouveau sur les principes de justice, d'égalité et de respect de la souveraineté des nations tels qu'ils ont été exprimés dans les quatorze points du président Wilson et acceptés par les puissances alliées et associées, son œuvre resterait incomplète si elle laissait subsister en Extrême-Orient des germes de conflits futurs.

La délégation chinoise a l'honneur, en conséquence, de lui soumettre le présent mémoire qui traite des divers points où des solutions nouvelles doivent intervenir si l'on veut, par application des principes d'intégrité territoriale, d'indépendance politique et d'autonomie économique, délivrer la Chine des entraves qui s'opposent encore à son libre développement.

Il n'est pas moins intéressant de rappeler

la *Conclusion* du dit mémoire, qui énumère les sept questions soumises à la Conférence de la Paix, et indique la solution qui, suivant la délégation chinoise, doit être apportée à chacune d'elles.

En soumettant le présent mémoire à la Conférence de la Paix, le gouvernement chinois se rend bien compte que les questions dont il traite ne sont pas nées directement de la guerre mondiale; mais il a pleine conscience du but que se propose la Conférence lorsqu'elle cherche, après avoir conclu la paix avec l'ennemi, à fonder un nouvel ordre mondial sur les principes de justice, d'égalité et de respect de la souveraineté des peuples, buts qui ont été éloquemment exprimés dans le pacte de la Ligue des Nations.

Ces questions doivent être résolues par la Conférence, car, si on les laisse en suspens, elles contiennent des germes de conflits futurs susceptibles de troubler de nouveau la paix du monde.

La délégation chinoise demande, en conséquence, à la Conférence de la Paix de les examiner et de les résoudre ainsi qu'il suit :

1° *Sphères d'influence et d'intérêts.* — On demande aux diverses puissances intéressées de déclarer, chacune en ce qui la concerne, qu'elles ne possèdent ni ne revendiquent aucune sphère d'influence ou d'intérêts en Chine, et qu'elles sont disposées à entreprendre la revision des traités, accords, notes ou contrats précédemment passés avec la Chine qui leur ont conféré ou peuvent être interprétés comme leur ayant conféré des avantages territoriaux réservés ou des droits de préférence tendant à créer des sphères d'influence ou d'intérêts au préjudice des droits souverains de la Chine.

2° *Troupes et forces de police étrangères.* — On demande que les troupes et forces de police étrangères qui se trouvent actuellement sur le territoire chinois sans justification légale soient immédiatement retirées, que les articles VII et IX du protocole du 7 septembre 1901 soient abrogés, et que les troupes et les gardes de légations stationnées en vertu de ces articles, soient intégralement retirées dans l'année qui suivra la déclaration faite à cet effet par la Conférence.

3° *Bureaux de poste étrangers et stations radiotélégraphiques et télégraphiques étrangères.* — On demande que tous les bureaux de poste étrangers soient supprimés avant le 1er janvier 1921, qu'aucune installation radiotélégraphique ou télégraphique étrangère ne puisse désormais être établie sur le territoire de la Chine et que toutes les installations de ce genre actuellement existantes soient immédiatement remises au gouvernement chinois contre paiement de justes indemnités.

4° *Juridiction consulaire.* — On demande que sur l'engagement pris par la Chine de réaliser avant la fin de l'année 1924 la promulgation des cinq codes et la création de nouveaux tribunaux dans tous les districts qui étaient autrefois chefs-lieux de divisions préfectorales, les puissances à traités promettent de faire abandon de leur juridiction consulaire ou de la juridiction de leurs cours spéciales pour celles qui en ont. On demande, en outre, qu'en attendant cette abolition, les puissances conviennent : 1° que toute affaire mixte, civile ou criminelle, où le défendeur ou accusé est un citoyen chinois, soit examinée et jugée par les tribunaux sans qu'aucun fonctionnaire ou représentant consulaire soit présent ou intervienne à la procédure ni au jugement; 2° que les mandats et jugements régulièrement émis ou prononcés par les tribunaux chinois soient exécutoires dans les concessions et à l'intérieur des constructions appartenant à des étrangers, sans examen préalable par un fonctionnaire étranger de l'ordre consulaire ou judiciaire.

5° *Territoires cédés à bail.* — On demande que ces territoires soient restitués à la Chine, celle-ci prenant l'engagement d'assumer toutes les obligations qui lui incomberont équitablement pour la protection des droits des propriétaires fonciers et l'administration des dits territoires.

6° *Concessions municipales étrangères.* — On demande que les puissances intéressées consentent à ce que leurs concessions soient restituées à la Chine à la fin de l'année 1924. La Chine s'engage de son côté à protéger les droits des propriétaires fonciers des concessions. En attendant la restitution finale, on demande certaines modifications de l'organisation actuelle des concessions.

7° *Autonomie en matière de tarif de douanes.* — On demande qu'à l'expiration d'une période à fixer d'un commun accord, la Chine ait la liberté de déterminer elle-même son tarif de douanes, et que, durant cette période, elle ait la liberté de négocier avec les diverses puissances des conventions douanières basées sur la réciprocité, distinguant les articles de luxe des articles de nécessité commune, et fixant à 12 % *ad valorem* au minimum le tarif conventionnel sur les articles de nécessité. En attendant que ces conventions soient conclues, le tarif actuellement en vigueur serait remplacé à la fin de 1921 par le tarif général qui est appliqué au commerce des puissances sans traités. La Chine, d'autre part, s'engage à abolir le *likin*[1] aussitôt que les nouvelles conventions seront conclues.

On se rappelle que le 28 juin 1919, jour de la signature du traité de Versailles, le chef de la délégation chinoise, M. Lou-Tseng-Tsiang, se rendit auprès du président de la Conférence pour exposer de nouveau le point de vue chinois dans la question du Chan-Toung. Ce point de vue n'ayant pas été admis, la délégation soutenue par les manifestations de l'opinion publique à Pékin, décida de ne point signer le traité, et ne fut pas présente à Versailles.

1. Taxe qui frappe les marchandises qui passent d'une province dans une autre, ou même d'une partie à une autre de la même province. Le montant en est fixé par les gouverneurs des provinces.

Naturellement, toutes les autres questions soumises à la Conférence de la Paix par la délégation chinoise restèrent sans solution; mais elles n'allaient pas tarder à faire l'objet d'un examen international. Deux ans et demi plus tard en effet, elles étaient de nouveau posées à la Conférence de Washington et n'étaient déjà plus une nouveauté pour les membres de la Conférence.

*
* *

La Conférence de Washington.

Cependant les personnes étrangères aux habitudes de la diplomatie chinoise s'étonnèrent de l'imprécision de ses revendications à la Conférence de Washington; elles attribuèrent ce défaut, ou ce qu'elles jugeaient tel, à l'ignorance où les jeunes délégués chinois étaient de l'Occident et déclarèrent que Li Hung-Chang le connaissait mieux qu'eux.

Nous pensâmes au contraire que la pure tradition des Li Hung-Chang avait présidé à l'élaboration du memorandum de revendications du

15 novembre 1921 et que l'imprécision qui s'y trouvait n'eût pas été désavouée par le vieux conseiller de l'Empire du Milieu.

« Les questions posées dans le memorandum, dit le chef de la délégation chinoise à Washington au représentant d'une agence d'informations, sont plutôt que des demandes de mesures immédiates, des principes suivant lesquels les Chinois désirent traiter les affaires de leur pays et être traités par l'étranger. Une fois ces principes reconnus officiellement, leurs conséquences se pourront développer graduellement au fur et à mesure que les circonstances le permettront. La Chine n'est donc nullement pressée de mettre en pratique les stipulations contenues dans le document; en gagnant la Conférence à sa cause, elle espère pouvoir régler ses affaires intérieures, aidée dans cette tâche par le prestige qu'elle a acquis au sein de la Société des Nations. »

La diplomatie chinoise apparaît toute dans ces propos, avec sa prudence et son souci de la « face ». Sauver la face, chose essentielle pour tout Chinois, en admettant soi-même l'im-

possibilité d'obtenir complète et immédiate
satisfaction, tel est le procédé.

On sourira, on demandera : quel profit en
tirent les Chinois? N'auraient-ils pas mieux fait,
à Washington, de demander moins et d'être
plus catégoriques sur certains points? On oublie
qu'en se montrant tout d'abord conciliants, en
évitant de rebuter leurs interlocuteurs, en se
disant uniquement soucieux « d'harmoniser les
intérêts particuliers de la Chine avec les intérêts
généraux du monde entier », ils ont vu accueillir favorablement leur memorandum et ont
obtenu des adhésions de principe. Puis grâce à
leur insistance dans la discussion, ce fut l'agré-
ment des quatre puissances, États-Unis, Grande-
Bretagne, France et Japon qui possèdent des
bureaux de poste en Chine, à leur suppression.
Ce fut la résolution de réunir une commission
trois mois après l'issue de la Conférence pour
« ouvrir une enquête sur les pratiques actuelles
de la juridiction territoriale en Chine, sur la
législation, sur l'organisation judiciaire en
Chine... en vue d'introduire des mesures légis-
latives et des réformes judiciaires qui justifie-

raient l'abandon soit progressif, soit sous toute autre forme, par les diverses puissances, de leurs droits respectifs d'exterritorialité. » Ce fut l'engagement de procurer au gouvernement chinois un supplément de revenus par le relèvement des droits de douane. Ce fut la résolution relative à la présence des troupes étrangères en Chine : les puissances manifestent leur intention de retirer celles dont le maintien après enquête ne serait justifié par aucun accord, à condition que leur départ ne mette pas en danger la vie et les biens des étrangers.

Est-ce que ces diverses résolutions, et d'autres encore [1] que les délégués des puissances à Was-

1. Résolution concernant le statut applicable aux postes de T. S. F. étrangers en Chine; résolution relative au statut du chemin de fer de l'Est chinois; résolution relative à la revision des lois et coutumes de guerre, etc.; déclaration des puissances possédant des territoires à bail, de leur intention de les rendre à la Chine, etc. — La restitution de l'ancien territoire allemand de Kiao-Tchéou, ainsi que des autres droits allemands dans le Chan-Toung s'est faite officiellement en dehors de la Conférence, par un traité signé le 4 février 1922, à Washington, par les *seuls* représentants de la Chine et du Japon à la Conférence; mais, comme elle correspondait aux intentions de celle-ci, on peut lui en attribuer le mérite. Du reste cette restitution, malgré son importance aux yeux des Chinois, n'entre pas dans notre thèse au même rang que les autres satisfactions obtenues

hington ont été peu à peu amenés à adopter, pour « harmoniser les intérêts particuliers de la Chine avec les intérêts généraux du monde entier », ne sont pas beaucoup plus déjà que la formule générale à laquelle, au début de la Conférence, les dits délégués croyaient pouvoir s'en tenir? On se souvient de cette dépêche officieuse et tendancieuse lancée de Washington le 26 novembre 1921 : « En ce qui concerne l'Extrême-Orient, l'idée se fait jour que la Conférence devrait se terminer par la constitution d'une sorte de large entente entre toutes les puissances intéressées qui s'engageraient à résoudre en commun les problèmes non réglés de la Conférence de Washington ou qui viendraient à se poser ultérieurement. Les cercles américains paraîtraient disposés à accueillir favorablement cette suggestion qui, en répondant au vœu de la délégation chinoise à la fin de son memorandum et en maintenant l'action

par les Chinois à Washington; elle est par définition autre chose qu'un gain de la Chine sur les puissances et n'offre pas de notre point de vue l'intérêt de simples résolutions d'un profit moins réel et surtout moins immédiat, mais d'une portée bien plus considérable.

commune entre tous les intéressés, semble
devoir constituer un moyen pratique de régler
les difficultés qui surviendraient dans la politique à suivre à l'égard de la Chine. »

C'est bien cela qu'entendait la Commission
d'Extrême-Orient de la Conférence, quand le
même jour, elle adoptait la vague résolution
en quatre points préparée par M. Elihu Root,
l'ancien secrétaire d'État américain[1]. Mais les
délégués chinois surent contraindre leurs col-
lègues à un peu plus de précision et leurs
propres revendications si vagues du 15 novembre se précisèrent aussi singulièrement.

1. « Les États-Unis d'Amérique, la Belgique, l'Empire
britannique, la France, l'Italie, le Japon, les Pays-Bas et le
Portugal déclarent leur ferme intention : 1° de respecter la
souveraineté, l'indépendance et l'intégrité territoriale et
administrative de la Chine; 2° de donner à la Chine la possibilité la plus complète et la plus entière liberté de se développer et de s'assurer un gouvernement stable et efficace;
3° d'user de leur influence en vue de l'établissement et du
maintien effectif du principe d'égalité pour le commerce et
l'industrie de toutes les nations sur tout le territoire de la
Chine; 4° de s'abstenir de tirer avantage des circonstances
actuelles pour rechercher des droits spéciaux ou des privilèges qui pourraient porter atteinte aux droits des sujets ou
nationaux d'Etats amis et de s'abstenir également d'encou-
rager toute action constituant une menace pour la sécurité
des dits Etats. »

Le principe de la « porte ouverte ».

Le point capital, au moins pour leur amour-propre, acquis par eux à Washington est l'abrogation implicite de l'accord passé le 2 novembre 1917 entre le secrétaire d'État américain Robert Lansing et le vicomte K. Ishii, ambassadeur du Japon aux États-Unis [1]. En dépit de leur dénégation ultérieure, les Américains avaient reconnu par cet accord « certains droits spéciaux » au Japon en Chine, en raison de « sa position géographique ».

Or l'article 3 du traité sur les principes à appliquer en Chine, signé à Washington le 6 février 1922, dit :

En vue d'appliquer avec plus d'efficacité les principes de la porte ouverte ou de la chance égale pour le commerce et l'industrie de toutes les nations en Chine, les puissances contractantes autres que la Chine, conviennent de ne pas rechercher, ni aider leurs ressortissants à rechercher : a) la conclusion d'accords qui tendraient à établir en faveur de leurs intérêts des droits généraux supérieurs à ceux des autres touchant le développement commercial ou économique dans

1. Voir le texte de l'accord dans *l'Évolution de la Chine*, pp. 158 et suiv. L'accord fut annulé explicitement le 14 avril 1923.

une région déterminée de la Chine; *b*) l'obtention de
monopoles ou traitements préférentiels de nature à
priver les ressortissants d'autres puissances du droit
d'entreprendre en Chine toute forme légitime de commerce ou d'industrie, ou de participer, soit avec le gouvernement chinois, soit avec des autorités locales, à
toute catégorie d'entreprises ayant un caractère public;
ou de monopoles ou traitements préférentiels qui, en
raison de leur portée, de leur durée ou de leur étendue
territoriale, seraient de nature à constituer en pratique
une violation du principe de la chance égale. Toutefois
le présent accord ne devra pas être interprété comme
interdisant l'acquisition de tels biens ou droits qui
pourraient être nécessaires, soit à la conduite d'entreprises particulières, commerciales, industrielles ou
financières, soit à l'encouragement des inventions et
recherches.

La Chine s'engage à adopter les principes ci-dessus
comme guides en ce qui concerne la suite à donner
aux demandes de droits et privilèges économiques de
la part de gouvernements ou ressortissants de tous
pays étrangers, qu'ils soient ou non parties au présent
traité.

La délégation chinoise s'empresse alors de
déclarer : « En plein accord avec le principe
de ce qu'on appelle la « porte ouverte » (*open
door*) ou l'octroi de droits égaux pour le commerce et l'industrie, à toutes les nations liées

par traité avec la Chine, celle-ci est disposée à l'accepter et à l'appliquer dans toutes les parties de la République chinoise *sans exception.* »

Cependant les Chinois ne se faisaient guère d'illusion sur le principe en question, ni sur les réelles idées des puissances. Le 28 janvier 1922, au dîner annuel de l'Union des étudiants chinois à Londres, le chargé d'affaires de Chine expose sa façon de penser sur ce point dans les termes suivants :

« Beaucoup de ceux qui se prétendent les amis de la Chine traînent perpétuellement la « porte ouverte » dans leurs discours... On pouvait penser qu'aujourd'hui la Chine connaissait ses affaires tout à fait aussi bien que n'importe qui, et cependant nous entendons ses soi-disant amis dire : « La chose la plus intéressante serait de trouver comment ouvrir la Chine. » Mais la Chine n'a-t-elle pas ses idées personnelles sur cette ouverture? Certaines gens en parlent comme si la Chine était assez semblable à un morceau de viande dans une fête de sacrifice, chaque convive essayant d'expliquer comment il le découperait à son avantage particulier, tout en prétendant tout le temps n'avoir aucun intérêt personnel dans la question, et n'être réellement animé que de la plus grande bienveillance pour l'animal qui a fourni le plat principal de la soirée... »

En toute bonne foi que faut-il penser du fameux principe?

La Chine est « fermée » en ce sens que les commerçants étrangers ne peuvent avoir d'entrepôts et de magasins que dans un petit nombre de ports dits « ouverts ». On pourrait croire qu'en vertu du nouveau principe, ces barrières vont s'abattre et que la Chine sera placée, au point de vue du libre trafic international, sur le même pied que tous les autres pays du monde. Pas du tout! Ce qui ne doit plus exister ce sont les sphères d'influence[1]. Voilà ce que signifie le principe de la « porte ouverte ». En

1. Art. 4 du Traité sur les Principes à appliquer en Chine, du 6 février 1922 : « Les puissances contractantes conviennent de ne pas donner leur appui à des accords qui seraient conclus entre leurs ressortissants respectifs avec l'intention d'établir au profit de ces derniers des sphères d'influence ou de leur assurer des avantages exclusifs dans des régions déterminées du territoire chinois. »

somme, il retire à la Chine le droit de s'entendre avec un pays quelconque pour lui concéder de grands travaux ou des services publics dans une région déterminée; la Chine s'engage à ne favoriser personne et à laisser tout son territoire ouvert à la libre activité économique de toutes les nations.

Peut-être le corps chinois allait-il être de ce fait un peu plus ligoté que par le passé; en tout cas les États-Unis qui, n'ayant pas de zone d'influence en Chine, avaient tant tenu, par un idéalisme seulement apparent, à les voir supprimer aux autres puissances, ne devaient pas tarder à s'apercevoir dans leurs statistiques commerciales, que le principe de la « porte ouverte » rendait plus aisée la pénétration pacifique du Japon et que dans la concurrence internationale en Chine, les Japonais avaient les maîtres atouts.

C'est donc décidément ailleurs que dans l'adoption de ce principe qu'il faut chercher un avantage réel remporté par la Chine à la Conférence de Washington. Or, nous savons que le 1er janvier 1923 eut lieu la suppression effective des bureaux de poste étrangers; nous voyons actuellement siéger à Pékin depuis le 26 octobre 1925, — assez irrégulièrement il est vrai à cause des circonstances défavorables, mais sans se rompre — la conférence douanière décidée à Washington en vue de procurer à la Chine un supplément de revenus pour le relèvement des droits de douane[1]. Une autre conférence également décidée à Washington, s'est ouverte à Pékin, le 12 janvier dernier, pour examiner la délicate question du privilège d'exterritorialité dont jouissent en Chine dix-sept puissances [2]. Toutefois, à la différence de la conférence douanière qui est née d'un traité

1. Outre les huit puissances du traité de Washington, il y a en face de la Chine à cette conférence : la Suède, la Norvège, le Danemark et l'Espagne qui ont adhéré au traité du 6 février 1922. L'exclusion de l'Allemagne, qui dérive du traité de Versailles et du traité de Washington, de la Russie, qui dérive du traité de Washington, des nouveaux pays de l'Europe Centrale et de ceux de l'Amérique du Sud qui dérive de l'absence de traités douaniers entre eux et la Chine, complique la situation et la rend pleine d'imprévu dans ses conséquences.

2. La Belgique, le Brésil, l'État libre du Congo, le Danemark, l'Espagne, les États-Unis, la France, la Grande-Bretagne, l'Italie, le Japon, le Mexique, la Norvège, les Pays-Bas, le Pérou, le Portugal, la Suède, la Suisse,

(Traité sur les droits de douane en Chine du 6 février 1922) et qui doit « prendre les mesures nécessaires », la conférence, ou plus exactement la commission d'exterritorialité, vient d'une simple résolution adoptée par la Conférence de Washington à la séance plénière du 10 décembre 1921, et son seul objet est de se renseigner, en ouvrant « une enquête sur les pratiques actuelles de juridiction exterritoriale en Chine, sur la législation, l'organisation judiciaire et les méthodes d'administration judiciaire en Chine, en vue de signaler aux gouvernements des diverses puissances leurs constatations de fait en ces matières, et de leur recommander les moyens que la commission pourrait juger convenables pour améliorer les conditions actuelles de l'administration de la justice en Chine, etc. ».

Malgré tout, qui ne voit dans cet ensemble un gain fait par la Chine et surtout une conquête morale d'un prix inestimable? Qui donc eût dit, il y a vingt ans, que les puissances seraient amenées à se réunir à Pékin, non plus comme en 1901 pour dicter à la Chine un protocole, mais pour examiner avec elle et à sa demande, en vue d'une revision possible, les conditions qu'elles lui avaient autrefois imposées[1]?

Ceux qui nient qu'il y ait déjà là un résultat d'acquis, qui se refusent à y voir un événement dont on ne peut quant à présent deviner les conséquences et encore moins les peser, ceux-là vivent dans l'absolu et s'y complaisent. Les Chinois, eux, se contentent du relatif et marquent les points.

1. L'érection d'une délégation apostolique en Chine, en 1922, qui paraît répondre provisoirement à la demande d'une nonciature adressée à plusieurs reprises au Vatican par le gouvernement de Pékin, est évidemment considérée par les Chinois comme un gain réalisé sur la France en tant que protectrice des catholiques.

CHAPITRE VI

L'ÉVOLUTION

La civilisation néo-chinoise.

Si l'on cherche quelle impression se dégage des faits et gestes chinois relatés au cours de ces pages, il semble que ce soit celle d'une nationalité en travail : œuvre lente et multiforme à laquelle collaborent plus ou moins sciemment les éléments de population les plus divers, depuis les étudiants passionnés pour les théories jusqu'aux riches marchands positifs et terre à terre, depuis les militaires acharnés à réunir sous leur autorité le plus grand nombre possible de provinces jusqu'aux lettrés d'hier, « docteurs » d'aujourd'hui, plus préoccupés de politique et de sociologie que de poésie. Œuvre dont le terme n'apparaît pas encore à travers la confusion actuelle ; œuvre qui consiste non seulement à mettre sur pied une organisation matérielle, mais à remplacer des principes par d'autres, à y habituer des multitudes et à les leur faire adopter.

Celles-ci, à vrai dire, ne s'inquiètent guère de la transition et passeraient des anciens aux nouveaux sans s'étonner outre mesure du changement. Le fatalisme règne parmi elles et rien certainement ne leur semblerait un jour plus naturel que l'aboutissement quel qu'il soit des vicissitudes d'à présent. Que l'union sorte de la discorde, l'unité du morcellement, le calme de l'agitation, l'histoire millénaire de la Chine est là pour leur rappeler que ce ne sera pas un fait isolé et nouveau; que quinze ans de confusion et plus encore sont insignifiants pour un pays qui a derrière lui des décades de siècles pendant lesquels il a traversé de bien plus longues périodes d'instabilité. Aussi ne s'émeuvent-elles pas de ce qui se passe et conservent-elles au milieu des pires aventures militaires, comme au milieu des typhons et des cyclones de leur climat, une sérénité qui peut surprendre des Européens.

Cependant nombre d'étrangers se refusent

à envisager pour la Chine la possibilité même du retour à l'ordre politique, tant que subsistera chez elle le régime républicain. « L'empire ou la ruine! » proclament-ils. Ou parce qu'ils ont pris, sur la Chine, au temps de l'empire, des habitudes de pensée dont ils n'ont pu se défaire et qui les empêchent de se la représenter autrement qu'en monarchie, ou parce qu'ils ont perçu dans le nouveau régime politique de ce pays des germes de décadence, ils prédisent la catastrophe imminente.

Ils oublient d'abord combien la réalité est dilatoire, évasive, si l'esprit est rigoureusement logique; combien elle esquive les déductions qu'on prétend lui imposer.

Ils oublient ensuite qu'aussi bien dans l'antiquité que dans les temps modernes, les peuples d'Asie et d'Europe ont évolué d'une façon à peu près uniforme : après les empires, les invasions des barbares, la fusion de ces derniers et des anciens maîtres du sol, c'est la constitution de nouveaux États centralisés, leur décadence, la féodalité, la monarchie absolue et l'État constitutionnel. La Chine et le Japon, plus civilisés que les autres peuples de l'Asie, ont opposé une résistance plus grande aux principes de la politique moderne qui proviennent d'Europe. Et la résistance est d'autant plus grande que la pression est plus forte; mais le conflit n'en prépare pas moins l'avenir conformément au programme habituel de l'évolution politique des peuples.

Déjà l'évolution du Japon a rappelé étonnamment celle de certains pays de l'Occident. Il est vrai que sa civilisation inspirée de celle de la Chine n'offrait pas la résistance de cette dernière dont les racines tiennent autrement au sol! Pourtant, le Japon en est resté à la monarchie constitutionnelle; la Chine, peut-être à cause justement de sa civilisation originale qui engendre une sorte de nationalisme foncier et inconscient, ou plutôt se confond avec lui, va-t-elle naturellement à la république, « forme de gouvernement beaucoup plus nationale que la monarchie », assure M. Ferrero[1].

1. Voir plus haut, page 63.

Mais prenons garde que c'est seulement une catégorie d'individus — ceux qui sont plus ou moins instruits à l'européenne et qui constituent la « Jeune Chine » — que cette civilisation originale aide à acquérir un nationalisme conscient, fondé sur l'idée de patrie, et pousse vers les formes politiques les plus modernes. Par contre cette même civilisation retarde plutôt l'essor du peuple.

La civilisation chinoise fut une civilisation des masses et fut maintenue par elles jusqu'à nos jours, presque dans son entier. Il n'y eut pas, chez les premiers Chinois établis dans le bassin du Fleuve Jaune de race dominante, de cités rivales; ce furent des agriculteurs, campés seulement dans ce pays fertile où ils formaient des clans sans classes et sans castes. Leur civilisation, au lieu d'être aristocratique, fut populaire et le demeura. Tout voyageur qui sait voir et penser est frappé du haut degré de civilisation des paysans chinois, de ceux surtout qui sont loin des ports que fréquentent les étrangers.

Il faudrait donc s'attendre à distinguer en

Chine, à la longue, plutôt qu'une juxtaposition de la civilisation occidentale, comme il apparaît tant que celle-ci n'atteint que la « Jeune Chine », une civilisation que nous appellerons néo-chinoise, mélange d'un modernisme outré et d'un traditionalisme modérateur.

Le rajustement des relations avec l'étranger.

Quoi qu'il en soit, nous avons maintenant devant nous des Chinois ombrageux, parfois injustes, qui oublient les avantages matériels que leur ont procurés les travaux exécutés dans leur pays par les Européens, et trouveraient naturel que toutes ces entreprises fussent remises entre leurs mains sans compensation. Certains vont même jusqu'à prétendre que « si la Chine n'a pas beaucoup progressé, cela tient pour une large part à ce qu'elle a perdu depuis longtemps les instruments de première nécessité, tels que les grands ports commerciaux, les principaux centres industriels, les riches régions minières, la liberté du tarif douanier, l'administration des douanes, les recettes fiscales qui sont affectées plutôt à payer les indemnités des Boxers et les autres dettes étrangères qu'à faire face aux dépenses nationales ».

Pareilles doléances ne sauraient être prises au sérieux par quiconque connaît tant soit peu la Chine. Qui est-ce qui a construit et développé les grands ports, et nous ajouterons les chemins de fer, sinon les étrangers? Qu'est-ce qui procure à la Chine les recettes les plus sûres, sinon l'administration internationale des douanes et de la gabelle? De quels centres industriels était-il donc question avant l'arrivée des étrangers? Sans l'outillage et sans le savoir étranger, où en serait l'exploitation du sous-sol, d'ailleurs si insignifiante encore, en regard des possibilités connues?... Non, nous ne discuterons pas de telles allégations qui font tort aux Chinois auprès des étrangers qui savent et qui sont encore ceux sur lesquels ils doivent le plus compter. Mais, d'autre part, nous sommes d'avis que des temps nouveaux sont venus pour la Chine, que de même qu'autrefois des légendes et des rites lui arrivèrent avec les denrées de l'ouest par la « route de la soie » et l'influencèrent peu à peu, de même, lui parviennent aujourd'hui avec tout l'attirail de notre civilisation industrielle, nos théories et nos idées qui modifient les siennes.

Le problème qui se pose est donc le rajustement des relations de la Chine nouvelle et des puissances qui ont des intérêts sur son territoire, intérêts dont elle a du reste bénéficié plus encore que ces dernières. Un esprit nouveau, qu'on le veuille ou non, souffle de l'ouest et de l'est sur le continent jaune ; non seulement nous n'hésitons point à le reconnaître, mais nous sommes d'avis que les puissances ne doivent dorénavant rien retenir qui ne soit indispensable à la sécurité de leurs nationaux et au bon fonctionnement des grandes entreprises conduites en collaboration avec les Chinois, dans la mesure où les capacités de ceux-ci le permettent.

Plus tard, quand les Chinois seront en état de tout faire par eux-mêmes, quand ils trouveront chez eux les compétences, l'outillage et les capitaux, une nouvelle question se posera pour les étrangers; pour le moment, les Chinois n'en peuvent être raisonnablement qu'au stade d'une collaboration étendue, multipliée. C'est tout ce que leurs amis peuvent jusqu'à nouvel ordre leur souhaiter de mieux. Il ne manque d'ailleurs pas de Chinois dans les centres où sont les étrangers, qui pensent ainsi.

Mais malgré tout, il est une nouveauté qu'on ne peut éluder et que nous avons essayé de démontrer, à savoir qu'en dépit du particularisme de provinces livrées à des gouverneurs jaloux de leur autorité, les Chinois, se sentent bien définitivement une nation en face de l'étranger. Et si l'on en doutait, il suffirait de se rappeler ces paroles citées par *le Temps* du 9 mars dernier, d'un délégué chinois à la Société des Nations : « En matière de politique étrangère, il n'existe aucune divergence de vues entre Chinois, à quelque parti ou à quelque groupe qu'ils appartiennent. »

Au reste, quand nous parlons d'anarchie dans la République chinoise, sommes-nous bien sûrs d'exprimer exactement la réalité?

Ne nous forgeons-nous pas une représentation absolue d'un état relatif qui, en dépit de
notre appréciation, permet au commerce et
à l'industrie de la Chine de se développer, à ses exportations et à ses importa-
tions d'augmenter d'année en année? Encore
une fois, ne jugeons-nous pas la Chine comme
nous jugerions un de nos pays d'Europe qui
forme un tout homogène et où la défection
d'une partie du territoire ébranlerait toute
l'armature sociale, administrative et politique?
La Chine est si vaste que pareille aventure ou
la guerre entre provinces ne gêne pas l'activité générale du peuple; d'autre part « l'effa-
cement de son gouvernement impuissant ou
indifférent à remplir l'essentiel de sa mission »
a toujours été suppléé par le rôle immense de
l'initiative privée représentée par les Associations de toutes sortes [1]. Il serait donc plus

1. « Nulle part peut-être l'esprit d'association n'est plus
développé qu'en Chine. Il s'y manifeste sous les formes les
plus variées, dans les circonstances les plus diverses... Quel
que soit son but, l'association chinoise peut se constituer
librement; elle n'a aucune autorisation à demander, aucune
formalité à remplir... Franchissant les limites des attribu-
tions de nos associations et de nos sociétés, les associa-

exact, au lieu de parler d'anarchie, de dire qu'au changement de régime de 1911, les rouages de la politique intérieure de la Chine se sont détraqués et qu'ils le sont encore; mais qu'au point de vue extérieur tant politique qu'économique, la Chine a eu depuis lors une marche régulière qui matériellement l'a **rapprochée** de l'Europe, mais moralement l'en a éloignée.

Qui sait d'ailleurs ce que nous réservent les batailles incessantes que se livrent les chefs militaires chinois? Quelle sorte de pacification suivra? Que dira-t-on si un jour se lève devant les puissances une Chine ordonnée et soumise à une autorité? Peut-être cette fameuse anarchie apparaîtra-t-elle comme le creuset où se fondaient l'armée, l'ordre et la nation. « Nos querelles intestines ont au moins cela de bon qu'elles entretiennent chez nous

tions chinoises vont encore plus loin. Certaines d'entre elles exercent les fonctions de véritables municipalités : les unions de familles, les communes, les guildes, associations privées, administrent des villages, des quartiers, des villes, d'autres ont leurs gendarmes ou leurs gardes champêtres. » (*Essai sur les Associations en Chine*, par PIERRE B. MAYBON, Plon, édit.)

l'esprit de guerre et nous préparent une armée », nous disait, à Pékin, un haut fonctionnaire chinois.

Nous terminerons cette étude sur ces paroles parce qu'elles impliquent une ferme volonté d'indépendance nationale, profonde et troublante réalité sous l'apparente contradiction d'une Chine qui se dresse contre l'Europe, à mesure qu'elle s'européanise.

LA POSITION INTELLECTUELLE
DE LA FRANCE EN CHINE

Les relations intellectuelles de la France avec la Chine remontent au règne de l'empereur Kang-Hi qui dura de 1662 à 1722. Cet empereur reçut avec faveur cinq jésuites envoyés par Louis XIV en 1685 et nomma l'un d'eux président du Bureau des Astronomes; les autres furent par lui chargés de travaux artistiques. Un peu plus tard, l'empereur Kien-Long (1736-1795) entretint à sa cour le P. Amiot et ses compagnons dont les travaux ont contribué à faire connaître la Chine en France. Si, à la suite des persécutions qui eurent lieu dans la première moitié du xıx^e siècle, l'influence des missionnaires français ne s'exerça plus sur la Cour, par contre, elle put s'étendre dans les provinces. Aujourd'hui, l'action des religieux s'exerce parallèlement à celle des laïques.

Nous avons en Chine un héritage récent à faire fructifier : l'héritage d'œuvres allemandes d'enseignement. Déjà, avant les troubles boxers de 1900, mais surtout après, de nombreux professeurs allemands s'employèrent dans les écoles chinoises, principalement dans les écoles militaires de Pékin, Tien-Tsin, Tsinan-Fou, Nankin. L'ancien ministre d'Allemagne à Pékin, comte Rex, réussit à introduire la langue allemande dans l'enseignement chinois; il encouragea la fondation d'écoles sino-allemandes et fit appel aux commerçants allemands pour les soutenir. En 1901, s'ouvrit à Tcheng-Tou, dans la lointaine province occidentale du Seutchouen, une de ces écoles; la même année une école supérieure s'ouvrit à Tsing-Tao dans le Chan-Toung. Cette ville abrita bientôt le plus grand nombre d'écoles allemandes; enfin une importante école s'éleva sur la concession française de Changhaï. Cette dernière ne fut d'abord qu'un hôpital auquel on adjoignit, en 1905, une école d'ingénieurs qui était à peine achevée en 1914.

Or, aux termes du traité de Versailles (partie

IV, section ii, article 134), l'Allemagne « renonce, en faveur des gouvernements français et chinois conjointement, à la propriété de l'école allemande située sur la concession française de Changhaï ». Cette école est devenue l'*Institut franco-chinois d'Industrie et de Commerce,* qui comprend trois sections : mécanique et électricité, travaux publics et chemins de fer, commerce.

Il va sans dire que depuis leur traité de paix avec les Chinois du 20 mai 1921, les Allemands ont fait leur possible pour reprendre dans l'enseignement, en Chine, la place qu'ils avaient, et ils ont su trouver assez de concours parmi les Chinois pour obtenir certaines autorisations. Malgré cela, nombreux sont les Chinois qui ont exprimé devant nous le désir de voir en Chine de plus en plus de professeurs français. L'esprit clair de notre race semble se manifester à leurs yeux d'une façon particulièrement évidente dans l'œuvre de ces derniers. En 1918, une section de langue française fut d'ailleurs créée à l'Université nationale de Pékin où l'on enseigna en cette langue, notre littérature et notre histoire et où nous avons enseigné nous-même. Cette innovation donna une forte impulsion à l'enseignement du français dans les écoles chinoises.

Il fut un temps qui n'est pas si éloigné où un mandarin ne parlait en fait de langue étrangère que la nôtre et en tirait gloire; à présent, le fonctionnaire qui sait notre langue sait aussi l'anglais; l'enseignement de cette langue s'est beaucoup répandu au cours de ces vingt dernières années. Cependant nous avons, disséminés sur le territoire des dix-huit provinces, et sans compter ceux des possessions extérieures, des établissements d'enseignement tels que ceux des jésuites à Changhaï et aux environs, les pensionnats des autres missions à Pékin, Tien-Tsin, Nankin, Hankéou, Canton, Yunnan-Fou, Tchong-King; notre Institut et notre École municipale de Changhaï, nos écoles laïques de Yunnan-Fou et de Mongtseu, notre École de médecine de Tcheng-Tou et les nombreuses petites écoles tenues dans les localités plus ou moins importantes de l'intérieur par des missionnaires isolés; enfin l'Université franco-chi-

noise constituée par divers foyers d'enseignement primaire, secondaire et supérieur à Pékin
et aux environs, à Canton et une mission uni-
versitaire en France.

A côté de notre œuvre d'enseignement pro-
prement dite, une autre bien connue s'inscrit :
l'*Alliance française*.

A peine fondée, en 1884, des adhérents lui
sont acquis à Pékin, Changhaï, Canton. Dès
1886, elle envoie à des écoles subventions ou
matériel scolaire.

Elle est représentée dans diverses villes par
un comité de Français dévoués qui quelquefois
groupent autour d'eux de très nombreux adhérents chinois.

Nos hôpitaux méritent une mention spéciale,
non seulement à cause du zèle professionnel
qu'y déploient nos médecins, mais à cause de
la diffusion qu'ils assurent à la science française.

Le rôle du médecin, dans cette Chine où la
médecine empirique la plus primitive a toujours
été et est encore en faveur, peut être considérable. Le Chinois se drogue le plus généreuse-

ment du monde. Sa foi dans ce qu'il avale pour se guérir, fût-ce un simple papier sur lequel un charlatan aura inscrit quelque vague formule, est sans limite. Il n'est pas jusqu'à la « drogue de pérennité » qui n'ait eu dans l'histoire de la Chine son heure de vogue, puisqu'en 820, écrit le P. Léon Wieger dans son *Histoire des croyances religieuses et des opinions philosophiques en Chine*, « la voix publique attribua à une dose trop forte de la drogue de pérennité » la mort subite du pauvre empereur Hien.

Si les Chinois d'aujourd'hui n'absorbent plus de cinabre dans l'espoir de se rendre immortels, que n'avalent-ils pas encore pour se guérir ou se préserver des maladies ! Avec des clients si bien disposés, l'on comprend que les médecins ne chôment pas. Les hôpitaux regorgent de consultants et d'hospitalisés ; ils sont toujours trop petits. Les Américains le savent qui dépensent millions sur millions de dollars pour en édifier de luxueux. Mais si nous ne pouvons lutter en nombre et rivaliser de luxe avec eux, nous tenons un rang des plus honorables par la qualité, c'est-à-dire par le savoir, le dévouement, la manière. Partout où, en Chine, nous avons trouvé des médecins français, nous avons remarqué non seulement les qualités que nous venons d'énumérer, mais l'autorité respectée et souvent toute paternelle qu'ils exerçaient autour d'eux.

Si nous ajoutons à ce rapide coup d'œil jeté sur la position intellectuelle de la France en Chine, l'œuvre des Français éminents que les Chinois ont chargés de la confection de leurs Codes et celle de nos ingénieurs dans les exploitations les plus diverses, l'on conviendra qu'il n'y a pas qu'une œuvre matérielle d'entreprise par nous en Chine, mais que le rayonnement du pur génie français atteint aussi cette lointaine contrée.

Signification des noms géographiques cités.

Amoy, Hia-Meng........ Prononciation de la province du
Foukien : Aomoy ; prononcia-
tion de Canton : Ao-meng. « La
Porte du pays de Hia ».

Canton .... Capitale de la province du
Koang-Tong, d'où le nom de
Canton donné par les Occiden-
taux.

Changhaï, Chang-Haï.... « Sur la mer » ; la ville était bai-
gnée par la mer avant les ap-
ports d'alluvions du Yang Tsé.

Chan-Si.............. « Ouest des monts ».

Chan-Toung........... « Est des monts ».

Chen-Si .... « Ouest de la passe » (passe de
T'ong-Kouan).

Hankéou .... « Bouche du Han » (rivière Han).

Honan................. « Au sud du fleuve » (Jaune).

Hong-Kong .... Prononciation cantonaise de
Chiang-Kan « Détroit par-
fumé ».

Houang-Ho............ « Fleuve Jaune ».

Houang-Pou............ « La rive » ou « les berges jaunes ».

Kan-Sou............... Nom formé des deux villes prin-
cipales de la province : Kan-
Tcheou-Fou et Sou-Tcheou-
Fou.

Kiou-Kiang............ « Les neuf rivières ».

Mongtseu, Mong-Tse.... « Qui se cache » ou « qui ac-
cueille » (?)

Nankin, Nan-King....... « Capitale du sud ».

Ning-Po............... « Flux calme ».

Ou-Tchang	Idée d'armée, de guerre. Idée de grandeur, de majesté (?) Fut toujours un centre militaire important et le théâtre d'hostilités.
Pékin, Pe-King	« Capitale du nord ».
Pé-Tchili, Tchi-Li	« Administration directe du nord ». Ancien nom de la province qui la distingue du Nan-Tchili (sud), actuellement Kiang-Sou.
Seutchouen, Se-Tch'oan .	« Les quatre rivières » à savoir : Yang Tsé-Kiang, Ming-K., Tch'on-K., et Kia-Ling-K.
Souateou, Chan-Teou	« Tête de nasse ». Centre de pêche important.
Tcheng-Tou	« Capitale parfaite ».
Tchong-King	« Double félicité ».
Tien-Tsin	« Le gué du ciel ».
Tsinan-Fou	« Au sud de la rivière Tsi ».
Tsing-Tao	« L'île d'azur ».
Yang-Tsé-Kiang	A plusieurs noms littéraires sauf celui de Fleuve Bleu qui est peut-être une traduction imparfaite de Tsing-Kiang : Fleuve pur. Son nom provient de la ville de Yang-Tchéou Fou, ancienne capitale du royaume de Kiang-Hoai et veut dire : Fleuve fils de Yang. Yang signifie littéralement : élever, exalter. C'est peut-être le Fleuve par excellence ou le grand Fleuve.
Yunnan-Fou	« Au sud des nuages ».
Zi-Ka-Wei, Ts'u-Kiao-Houei	Village créé par la famille (kia) catholique des Ts'u.

TABLE DES MATIÈRES